L'ACTUEL

Sindbad
est dirigé par Farouk Mardam-Bey

J'AI TUÉ SCHÉHÉRAZADE

CONFESSIONS D'UNE FEMME ARABE EN COLÈRE

DU MÊME AUTEUR

LE RETOUR DE LILITH, Inventaire, 2007.
MIROIRS DES PASSANTES DANS LE SONGE, Al Dante, 2010.

Titre original :
I Killed Sheherazade
Editeur original :
Al-Saqi Books, Londres

ISBN 978-2-7427-9280-1

JOUMANA HADDAD

J'ai tué Schéhérazade

Confessions d'une femme arabe en colère

traduit de l'anglais par Anne-Laure Tissut

Préface d'Etel Adnan

Sindbad

Pierre Bernard, fondateur

Pour ma fille,
Celle que je pourrais (ne jamais) avoir,
Attendue, inespérée,
Voulue, crainte,
Rêvée, tenue dans mes bras,
Faite d'espoir, faite de chair,
Réelle, incroyable,
Portant mille noms
Pourtant à jamais sans nom,
Née,
Non née,
Aimée dans ses deux forêts.

Or, le malheur arabe, c'est aussi le regard des autres. Ce regard qui empêche jusqu'à la fuite et qui, suspicieux ou condescendant, vous renvoie à votre condition jugée indépassable, ridiculise votre impuissance, condamne par avance votre espérance. Et, souvent, vous arrête aux postes-frontières. Il faut avoir un jour porté le passeport d'un Etat pestiféré pour savoir ce qu'un tel regard peut avoir de définitif. Il faut avoir un jour confronté ses anxiétés aux certitudes de l'autre, à ses certitudes sur vous, pour mesurer ce qu'un tel regard a de paralysant.

SAMIR KASSIR,
Considérations sur le malheur arabe.

NOTE AU LECTEUR

L'idée de ce livre est née quand une journaliste étrangère m'a demandé, par un jour pluvieux de décembre 2008, comment "une femme arabe comme vous en vient à publier en arabe un magazine érotique aussi controversé que *JASAD*" ? Des éléments précurseurs dans mon éducation ou mes origines avaient-ils préparé cette décision si polémique et "peu ordinaire" ? m'a-t-elle demandé.

"La plupart des Occidentaux n'imaginent pas qu'il existe des femmes arabes libérées comme vous", a-t-elle ajouté.

Dans son esprit, c'était un compliment, bien sûr, mais je me rappelle avoir pris ses mots comme une provocation, et avoir répondu assez vertement : "Je ne crois pas être si exceptionnelle. Il y a beaucoup de «femmes arabes libérées» comme moi. Si vous ignorez notre existence, comme vous le prétendez, c'est votre problème, pas le nôtre."

Plus tard dans la soirée, j'ai regretté ma réaction défensive. Mais la question de la journaliste continuait à me hanter. Pourquoi l'avait-elle posée, et pourquoi m'étais-je trouvée à ce point irritée ? Mes efforts de compréhension se changèrent bientôt en un texte court, qui peu à peu s'allongea, pour devenir un exposé qui, associé à d'autres textes que j'avais écrits sur le sujet en diverses occasions, notamment pour des conférences, et mêlé à des notes autobiographiques prises au fil des ans, révélatrices sur la question, finit par produire un livre. Ce livre.

Etait-ce une bonne ou une mauvaise idée ? Ce livre est-il nécessaire ou hors de propos ? Trop général ? Trop personnel ? Trop dispersé ? Trop centré sur moi ? Il est un peu tard pour me poser ces questions, et d'autres du même ordre. Tout ce que je sais, c'est que l'écriture m'en a paru impérative, voire incontournable. Comme une histoire d'amour, en quelque sorte. A mes yeux en tout cas, c'est assez pour en justifier l'existence.

Toutefois, ayant pris la décision de le publier, je lui souhaite de trouver des justifications supplémentaires, de jour en jour, à travers la nouvelle vie que vous, ses lecteurs, lui donnerez.

Chère Jenny, je te prie de bien vouloir accepter mes excuses tardives pour ma rudesse envers toi. Puisses-tu considérer ce modeste témoignage comme un effort pour te dire, de la façon la moins maladroite possible : "Pardonne-moi."

Et, plus important encore : "Merci."

J. H.

PRÉFACE

LA MISE À MORT DE SCHÉHÉRAZADE

Aux dernières nouvelles, Schéhérazade est morte, assassinée ! Cri du cœur ou de l'esprit ? Probablement les deux. Joumana Haddad vient de tuer l'héroïne des *Mille et Une Nuits.* Et jamais crime ne fut aussi joyeux – et moral.

Le texte de cette mise à mort est un vent de tempête qui éclaircit le ciel. Non le ciel encombré des monothéismes, mais le ciel qu'est le corps d'une femme, ce corps personnel qui n'appartient qu'à lui-même.

Il fallait tuer un mythe historique pour libérer le corps, donc également l'esprit, et écrire cette expérience pour mieux l'affirmer.

Ainsi, avant d'écouter le bruit, il faut écouter le silence. Avant la parole sonore, il y a la parole première, l'existence du corps, et Joumana nous propose, non de nous perdre dans la glorification de celui-ci, mais de nous mettre à son écoute.

J'aime ce récit-analyse, qu'on entend comme une musique de jazz ou de rap. C'est pourtant un réquisitoire d'une logique impeccable rythmé par la colère, par plus que la colère, par la recherche extatique – mystique – d'une libération absolue, qui ne serait possible que par celle de cet "objet-sujet" qui est ce corps avec lequel commence, et finit, la vie.

Mais le corps est englué dès la naissance dans un contexte social, et c'est ainsi que les contraintes commencent et nous mènent jusqu'à même l'esclavage.

Joumana rejette les petites mesures. Venant d'un pays où l'on a beaucoup tué (et pour rien), elle exerce une violence aussi intense, mais d'un autre ordre. Elle sort ses griffes contre tous les tabous et son "crime" devient une naissance, un acte de vie.

Elle parle de la femme arabe, de ce qui lui est familier, mais ce qu'elle dit concerne toutes les femmes à travers l'histoire, surtout celles de cette Méditerranée où on leur dit avec une autorité sacrée qu'elles sont un sous-produit de la Création, Dieu ayant créé Adam alors qu'Eve n'est sortie que des côtes de celui-ci. Mais Joumana apporte la bonne nouvelle que la femme ne sort que d'elle-même, et qu'elle doit se faire, doit se créer, tout comme l'homme, d'ailleurs. Elle doit devenir la nouvelle Schéhérazade, écrivant ses contes pour participer par la littérature à la création du monde.

Elle ramène les questions cruciales de l'identité, de l'enracinement, non au moi social, plus narcissique qu'on ne le pense, mais à cette liberté qu'elle a découverte dès l'enfance, et qui est le lieu mouvant du départ perpétuel.

Tout cela est remis en question avec une joie sauvage et un surplus d'intelligence qui nous entraînent, dans un texte qui est en définitive un poème barbare.

Il faut du génie pour atteindre une liberté aussi radicale[1].

ETEL ADNAN

1 Ce texte a été écrit en français *(N.d.T.)*.

POUR COMMENCER…

CHAMEAUX, DANSE DU VENTRE, SCHIZOPHRÉNIE ET AUTRES PSEUDO-DÉSASTRES

Cher Occidental,

Laissez-moi vous prévenir dès le départ : je ne suis pas particulièrement connue pour rendre la vie facile aux autres. Si vous abordez donc ces pages en quête de vérités que vous croyez déjà connaître, de preuves que vous pensez déjà avoir ; si vous espérez être conforté dans votre vision orientaliste, ou rassuré quant à vos préjugés anti-Arabes ; si vous vous attendez à entendre l'incessante berceuse du conflit des civilisations, mieux vaut ne pas poursuivre. Car je ferai dans ce livre tout ce qui est en mon pouvoir pour vous "décevoir". Je m'efforcerai de détruire vos illusions, de vous désenchanter, de vous priver d'une part essentielle de vos chimères et de vos opinions prêtes à porter. Comment ? Tout simplement en vous disant ceci :

Bien que je sois une soi-disant "femme arabe", moi et beaucoup de mes semblables portons les vêtements de notre choix, allons où bon nous semble et disons ce qu'il nous plaît.

Bien que je sois une soi-disant "femme arabe", moi et beaucoup de mes semblables ne sommes pas voilées, effacées, illettrées, opprimées, et certainement pas soumises.

Bien que je sois une soi-disant “femme arabe”, nul homme ne m’interdit, ni à moi ni à beaucoup de mes semblables, de conduire une voiture, une moto, un semi-remorque (ni un avion, à y penser !

Bien que je sois une soi-disant “femme arabe”, moi et beaucoup de mes semblables avons reçu une éducation très poussée, menons une vie professionnelle très active, et jouissons de revenus bien plus élevés que ceux de plus d’un Arabe (ou d’un Occidental) parmi nos connaissances.

Bien que je sois une soi-disant “femme arabe”, moi et beaucoup de mes semblables ne vivons pas sous une tente, ne montons pas à dos de chameau, et ne savons pas faire la danse du ventre *(ne vous offusquez pas si vous appartenez au “camp éclairé” : cette image de nous perdure, jusque dans le monde globalisé du XXIe siècle).*

Enfin, et le point est d’importance, bien que je sois une soi-disant “femme arabe”, moi et mes semblables ressemblons beaucoup à… VOUS !

Oui, nous vous ressemblons beaucoup, et nos vies ne diffèrent guère des vôtres. En outre, si vous fixez le miroir assez longtemps, je suis presque sûre que c’est nos yeux que vous verrez briller sur votre visage.

En effet, nous vous ressemblons beaucoup, mais nous n’en sommes pas moins différents. Non parce que vous êtes de l’Occident, nous de l’Orient. Non parce que vous êtes des Européens, nous des Arabes. Non parce que vous écrivez de gauche à droite, nous de droite à gauche.

Nous sommes différents parce que tous les humains sur cette planète le sont. Nous différons de vous comme vous de votre voisin. C'est ce qui fait l'intérêt de la vie. Sans ça, tout le monde s'ennuierait à mourir.

Moi, en tout cas.

Ne vous laissez donc pas intriguer par moi, ou par ce livre, pour la mauvaise raison. Ce qui fait mon intérêt n'est pas d'être "arabe", encore moins une "femme arabe". Et certainement pas d'être une "femme arabe écrivain" *(quelle classification désastreuse, surtout pour moi qui ai la phobie des étiquettes).* La seule raison valable de me lire, la seule raison valable de l'intérêt que je pourrais susciter en vous, qu'aucun être humain pourrait jamais susciter en vous, c'est que nous sommes nous-mêmes, et pas une vignette mystérieuse et voyante faisant de nous des spécimens.

Par conséquent, plutôt que d'accepter aussitôt une image toute faite, façonnée pour vous par un autre, essayez de vous demander : "Mais qu'est-ce donc qu'une «femme arabe», en fait ?"

Ce livre est une tentative modeste de réfléchir à la question. Il ne prétend pas apporter de réponses aux questions posées, de solutions aux problèmes exposés, ni donner de leçons ou formules à appliquer. Sa principale aspiration est d'offrir un témoignage et une méditation tout à la fois, sur ce que signifie, et *pourrait* signifier, être une femme arabe aujourd'hui. Sa seconde aspiration est d'accomplir la première en échappant à la morne aridité du discours rhétorique, à l'égocentrisme étriqué de l'autobiographie systématique et aux fuites allégoriques du roman.

Toutefois, cher Occidental, ne soyez pas trompé par le fait que vous êtes le destinataire évident de ce livre. Il n'est pas seulement adressé à vous, mais plutôt, et dans certains cas en priorité, à mes concitoyens arabes. C'est donc en grande partie le fruit d'un effort d'autocritique. Tout en s'efforçant de révéler les sources d'espoir pour les femmes arabes d'aujourd'hui, il dénoncera tout autant leurs points faibles, les défis auxquels elles sont confrontées, enfin les problèmes qu'elles rencontrent/provoquent/négligent. Ce mouvement de marée, oscillant entre description et condamnation d'une rude réalité, tout en essayant de prouver qu'il y a une lueur à l'horizon, peut parfois produire des effets d'auto-contradiction. Comment défendre une vision tout en en dénigrant les fondements ? Mais ce n'est qu'illusion d'optique, produit immédiat de l'intégrité critique. Aucun effort d'autodéfense ne mérite qu'on le prenne au sérieux s'il n'est accompagné et soutenu par un effort d'autocritique. Si je dénonce nos défauts sans pitié, ce n'est que pour mieux mettre en lumière l'indéniable exception qu'ils viennent marquer.

Et vice versa.

"Les histoires n'arrivent qu'à ceux qui sont capables de les raconter" (Paul Auster). Toutefois, pour être capable de raconter certaines de mes histoires, et de méditer sur ce que c'est qu'être une femme arabe aujourd'hui, il me faut d'abord résumer ce que signifie être arabe.

Etre arabe aujourd'hui implique premièrement(ceci dit sans généralisation) avoir maîtrisé l'art de la "schizophrénie".

Pourquoi ? Parce que, pour être arabe aujourd'hui, il faut être hypocrite. Parce qu'il est impossible de vivre et de penser selon son gré, en toute sincérité, spontanément et avec candeur. Scindé en deux, on est privé du droit de dire la vérité à l'état brut *(et la vérité* est *brute ; c'est son rôle, et sa force)*, parce que la majorité arabe dépend d'un tissu rassurant de mensonges et d'illusions. Notre vie, nos histoires doivent être refoulées, étouffées et encodées ; réécrites conformément aux édits des chastes gardiens de la pureté, afin qu'ils soient assurés que le délicat "hymen" arabe a été préservé du péché, de la honte, du déshonneur ou du manquement.

Les obscurantistes prolifèrent dans la culture arabe telle une moisissure, et leur ombre se profile partout, en tout domaine. Ils ont un esprit parasite, ainsi qu'un cœur, une âme et un corps parasites. Ils ne peuvent survivre qu'à l'état de tiques. Leur tâche consiste à déformer et détruire toute forme de liberté, de créativité et de beauté ayant échappé à leur hypocrisie et à leur superficialité. Partout où la liberté, la créativité et la beauté parviennent à faire briller leurs feux, ils déclenchent une vague d'hostilité et de rancœur ; lancent des campagnes de désinformation, pour détruire ce qui s'est soustrait à leur médiocrité.

Oui, l'obscurantisme prolifère telle une moisissure, générant des montagnes de menaces, d'agressions, de démagogie et de charlatanisme. Ces "soldats de la chasteté" défendent l'éthique, qui ne peut que les rejeter. Ils prétendent protéger les valeurs, les vraies valeurs humaines n'ayant pourtant rien à voir avec eux. Ils se proclament défenseurs de ce qu'ils ont l'audace d'appeler l'honneur, la foi, la dignité et la morale, avec leur esprit malade et retors, criant haut et fort qu'il faut "sauver notre religion, nos coutumes, nos traditions et notre jeunesse" ; tout en négligeant ce que diffusent les écrans de télévision, l'Internet ; ce qui se passe à l'abri de portes closes, voire dans les lieux de culte. Ils ne voient que l'extrême sommet de l'iceberg de l'honneur et de la moralité, et n'en saisissent que la surface.

Ces "voleurs" nous ont privés de nos vies privées. Ils nous ont volé notre liberté individuelle et civique *(le droit de vivre librement, de choisir librement, de s'exprimer librement…)*. Ils ont détourné notre culture, l'ont profanée et assassinée. Ils en ont fait ainsi de notre avenir, de notre civilisation et de l'héritage arabe des Lumières. La liste de leurs actes de vandalisme s'allonge.

Je le répète. Ces obscurantistes attardés sont des voleurs. Des profanateurs. Des assassins. Et, pour couronner le tout, ce sont des *imbéciles*. C'est là peut-être le coup le plus cruel porté à l'identité arabe contemporaine.

Deuxièmement, être arabe aujourd'hui signifie suivre le groupe ; totalement renoncer à son individualité, pour se laisser guider aveuglément par un chef, une cause ou un slogan. *Ce sont les masses qui construisent les nations,* dit le proverbe arabe. Peut-être est-ce ce qui a renforcé mon scepticisme envers les groupes, les idéologies et les combats collectifs, y compris ceux qui adoptent de nobles causes ; renforcé aussi en moi l'attachement à mon individualité, une individualité "humaniste" qui respecte, reconnaît et prend en compte l'existence de l'autre et ses besoins, tout en s'opposant fermement à toute tendance à la "fusion".

Bien sûr, l'instinct grégaire n'est pas un problème strictement arabe, surtout à l'ère du populisme. On a malheureusement vu tant de nations tomber dans le piège du "suivez le chef, même si c'est un abruti". Sinon, comment expliquer George W. Bush en Amérique, jusqu'il y a peu, pour ne citer qu'un exemple ? Mais, dans le monde arabe (contemporain, pour rendre justice à la grandeur de notre passé), cette maladie n'est pas qu'une "période de trouble passagère", mais une loi permanente. Car ce monde refuse de voir que tout groupe n'est que la somme des individus qui le composent, et que faute de reposer sur la personne telle qu'elle est, par la pensée, l'acte, le sentiment, le corps, l'esprit et l'humeur, il court à sa perte, au destin d'une masse soumise à l'instinct et au pouvoir, inconsciente de sa propre volonté, gouvernée par la logique du "groupe avant l'individu".

Je sais exactement ce que veut dire, dans notre sombre réalité politique, sociale et culturelle, "le groupe avant l'individu". C'est sur ce prétexte que les masses sont organisées et contrôlées, réunies en différents groupes qui éradiquent toute dimension personnelle. Qu'il s'agisse d'opinion, de choix, de sentiment, d'humeur, de compréhension, d'expression, d'ambition ou de vie pure et simple. L'individu, absorbé dans des factions reposant sur les tendances sociales, religieuses et politiques dominantes, est amadoué, et les griffes de son originalité rognées par les autorités. Dans la pratique, il faut reconnaître, sans parti pris, que cela conduit à la dissolution de tout talent et de toute exception individuels, ces derniers finissant noyés dans la vague d'homogénéisation qu'apporte l'accablante entité collective. Les individus fondus dans la fournaise du groupe voient leur ego oblitéré, exclu de tout rôle créatif, ce qui encourage la promotion des clichés et des stéréotypes dominants relatifs aux Arabes. Plus nous nous rassemblons pour faire entendre notre voix, moins notre discours est compris. Est-il cercle plus vicieux ?

Mais quel propos reste à la vie, quelle dignité pour un groupe, pour tout effort collectif, si le "moi" est foulé aux pieds par les masses ? Ne vous méprenez pas sur mes intentions : je ne me fais pas le défenseur du bon vieil individualisme. Je n'adopte pas l'approche darwinienne, reposant sur l'idéologie *homo homini lupus*, qui a eu pour produit principal une société égoïste, injuste et destructrice, ne laissant aucune place aux faibles ni aux pauvres, ni à la moindre conscience collective ou environnementale. C'est un modèle aussi inepte et dommageable que le modèle socialiste, qui a échoué après avoir écrasé les individus, leur liberté, leurs rêves et leurs vies au nom d'idéaux égalitaires grandioses.

Ce que je vise, c'est plutôt un équilibre intermédiaire. Equilibre recherché à travers tant de luttes et de combats, et qui serait le produit noble et efficace d'une concurrence noble et efficace entre capitalisme et communisme. Equilibre fort proche de celui qu'un certain nombre de pays d'Europe du Nord ont réussi à atteindre, en grande partie du moins.

*Liberté, égalité, fraternité**[1] : plus de deux cent vingt ans plus tard, nous en sommes loin encore…

Toutefois, c'est, semble-t-il, toujours l'option la meilleure : n'est-ce pas votre avis ?*

Troisièmement, être arabe aujourd'hui signifie (et ce sera mon dernier point) faire face à une série illimitée d'impasses. Impasse du totalitarisme, de la corruption politique, du favoritisme, du chômage, de la pauvreté, de la discrimination entre classes, du sexisme, de l'analphabétisme, des régimes dictatoriaux, de l'extrémisme religieux, de la misogynie, de la polygamie et de l'homophobie ; impasse de la fraude financière, du désespoir, de la vacuité et de l'absence de but, du conflit au Moyen-Orient, du drame palestinien, de la partialité de l'Occident, de son hostilité, sa peur, son arrogance, sa suspicion, sa condescendance… et ainsi de suite.

Etre arabe aujourd'hui, et vivre dans le monde arabe, vous le voyez, cela revient à donner des coups de tête contre un mur épais d'insolubles problèmes d'ordre politique,

1. Les mots en italique suivis d'un astérisque sont en français dans le texte. *(N.d.T.)*

social et existentiel. Nous avons beau cogner, rien ne change. Sauf le nombre de bleus sur notre peau. Pourtant il faut continuer à frapper ce mur de l'intérieur. C'est notre seul espoir. Car il ne peut être démantelé, ni pénétré ni abattu depuis l'extérieur.

Encore moins par des "extérieurs". Le changement ne s'exporte pas.

"L'être humain arabe souffre de schizophrénie ; schizophrénie collective que nous vivons tous, divisés que nous sommes entre ce qu'on nous dit de croire et ce que nous croyons, entre nos paroles et nos actes. Mais l'heure est venue de commencer à appeler les choses par leur vrai nom, et à en assumer la responsabilité", écrit Jalila Bakkar, actrice de théâtre et auteur tunisienne. Après avoir tenté d'esquisser à la hâte ce qu'être arabe signifie aujourd'hui *(la schizophrénie, le syndrome grégaire, l'impasse : autant de sombres aspects subis par hommes et femmes également),* je vais m'efforcer à présent, tout au long de ce livre hybride, d'expliquer d'une part ce qu'être une femme arabe suggère *(c'est-à-dire les nombreux préjugés, aussi étroits qu'erronés, étant attachés à ce statut, ainsi que les vérités partagées par les représentantes de cette identité problématique),* d'autre part, le genre de responsabilités qui s'ensuivent, et leur sens réel *(autrement dit, la ou les réalités potentielles qu'il est possible de concrétiser, malgré les problèmes et les défis).*

Toutefois avant de demander ce qu'est une femme arabe, il faut poser une autre question : comment une femme arabe typique est-elle perçue par un non-Arabe ? Cette perception ne se constitue-t-elle pas principalement, dans la conscience collective occidentale, à partir d'une multitude de formules et de généralisations, issues soit d'une perspective orientaliste, soit d'un regard hostile post-11 Septembre, façonné par le ressentiment, la peur et la condescendance ?

Ne considère-t-on pas souvent cette femme comme une pauvre créature sans ressources, condamnée du premier au dernier jour de sa vie à vouer une obéissance inconditionnelle aux hommes de la famille (père, frère, mari, fils) ? Comme une âme impuissante privée de toute maîtrise sur sa destinée ? Comme un corps sans défense qui vit, meurt, se reproduit, se cache, disparaît, quand on lui en donne l'ordre ? Comme un visage invisible, masqué sous des couches de peur, de vulnérabilité et d'ignorance, totalement nié par le hijab islamique ? Ou, pire, par la burqa sunnite ou le tchador chiite ? Une femme qui n'a pas le droit de penser, de parler ni de travailler pour elle-même ; capable de prendre la parole seulement quand on le lui dit, pour se trouver alors largement humiliée et ignorée ; une femme, en bref, qui n'a ni place ni dignité dans l'humanité ?

Bien sûr, ces clichés ne sont pas tous complètement erronés ; ni ces truismes dénués de toute vérité. La femme arabe décrite ci-dessus existe bel et bien. Non seulement elle existe, mais – et je suis au regret de l'admettre, par souci d'honnêteté et de précision scientifique – elle est en passe de devenir le modèle dominant parmi les femmes arabes. Du Yémen à l'Egypte, de l'Arabie Saoudite à

Bahreïn, vous trouverez un pouvoir religieux ; un système politique indifférent, corrompu et/ou complice ; une société patriarcale, et une femme arabe *(elle-même son plus redoutable adversaire, presque toujours partie prenante dans la conspiration ourdie contre son propre sexe)* excellant dans l'invention de nouveaux modes d'humiliation, de frustration et d'annulation de la femme, de son identité et de son rôle.

Ce constat ne rend pas moins scandaleux, triste et injuste que cette image de la femme arabe soit à peu près la seule présente à l'esprit occidental dans la perception courante.

Il n'y a pas ici de ma part, j'insiste sur ce point, de généralisation sommaire. Au contraire. Je sais très bien qu'il existe des Occidentaux parfaitement au fait de la nature hétérogène et complexe de la mosaïque des sociétés et cultures arabes. Le problème est qu'ils ne sont que l'exception qui confirme la règle.

Combien de fois, par exemple, ai-je dû expliquer à un public occidental surpris, alors que nous vivons au troisième millénaire, que nombre de femmes arabes portent bien des hauts sans manches et des minijupes en lieu de voiles, d'*abaya* et de *niqab* ; et que le désert n'a exercé aucune influence sur mon expression poétique, pour la bonne et simple raison qu'il n'y a pas de désert au Liban !

C'est une série sans fin de malentendus et de simplifications abusives, renforcés soit par la peur si répandue du fameux "terroriste arabe", soit par pure ignorance et manque de curiosité envers nous ; ou encore par la fascination médiatique pour la dimension superficielle/sensationnelle de tout événement *(ainsi de l'histoire de Nojoud, la fillette yéménite de dix ans mariée de force par ses parents ; ou celle de Loubna, journaliste soudanaise arrêtée et fouettée parce qu'elle portait des pantalons, et d'autres incidents comparables ayant fait la une des journaux dans le monde entier).*

Comme le dit le proverbe : *Un arbre en tombant fait plus de bruit qu'une forêt entière continuant à pousser.* Quand commencerons-nous à faire attention au souffle d'un arbre qui pousse ?

Il ne fait aucun doute que les mouvements migratoires depuis les pays arabes du Tiers Monde vers l'Europe ont eux aussi joué un rôle considérable dans l'expansion des malentendus mentionnés plus haut, notamment à cause de la "réaction au voile" ; c'est-à-dire, à cause du nombre croissant de femmes arabes émigrées et d'Européennes d'origine musulmane qui adoptent en ce moment le voile en guise de réaction défensive/offensive à l'apparente hostilité des Occidentaux envers l'islam dans l'ère post-11 Septembre. Toute réaction de nature aussi visible et concrète ne peut que neutraliser, si ce n'est abolir, le modèle de "l'autre" femme arabe vivant en Occident : une femme non voilée, qui se fond si bien dans le tissu social qu'on ne peut plus la distinguer des Occidentales. Ainsi, le seul modèle repérable, "évident", de la femme arabe devient celui de la femme voilée, avec toutes les connotations négatives, plus ou moins justifiées, que ce modèle porte et suggère.

Il faut toutefois reconnaître que l'Occident n'est pas seul responsable de ces perceptions erronées. Je ne crois pas aux erreurs d'interprétation univoques, et nous, Arabes, sommes largement "coupables" de la distorsion de notre propre image. Pris au piège d'un cercle vicieux défensif/offensif, nous avons fait, et continuons de faire, jusqu'à ce jour encore, presque tout ce que nous pouvons pour encourager l'intolérance envers nous, et promouvoir les images fausses et les clichés généralisateurs colportés au sujet de nos sociétés et de nos cultures.

En bref : nous sommes nos pires ennemis.

Ce qui suit va sans doute en surprendre certains, mais, malgré ce qui précède, toutes les femmes arabes ne sont pas des victimes. Toutes les femmes arabes ne sont pas exploitées. Toutes ne sont pas passives. Ni maltraitées ni dociles. Toutes les femmes arabes ne sont pas musulmanes. Toutes les femmes arabes chrétiennes ne sont pas émancipées et libres de préjugés. Toutes les femmes arabes musulmanes ne portent pas le voile, la burqa ou le tchador. Toutes les femmes arabes ne subissent pas d'avortements sélectifs, ni d'excisions ni de mariages arrangés.

Et plus important que tout : toutes les femmes arabes ne courbent pas l'échine.

"La majeure partie de l'histoire durant, l'Anonyme était femme" (Virginia Woolf). Eh bien, la femme arabe "non anonyme", "l'autre" femme arabe, atypique, libre, rebelle, indépendante, moderne, de libre pensée, non conventionnelle, éduquée et autonome, n'est pas un mythe. Elle existe aussi, à côté de la première. En outre, elle n'est pas si rare que vous pourriez le penser.

Et là réside l'enjeu du présent témoignage, modeste maillon dans une longue chaîne de travaux et d'études déjà écrits sur la question. Il ne vise pas à prouver que la vision dominante de la femme arabe typique est totalement fausse ; mais à en montrer *l'incomplétude*, en plaçant en regard "l'autre" image, afin que cette dernière devienne partie prenante de la perception moyenne qu'ont les Occidentaux (et les Arabes) des femmes arabes en général.

Oui, une "autre" femme arabe existe. Elle doit être remarquée. Elle mérite d'être reconnue. Et je suis là pour raconter son histoire : parmi celle de beaucoup d'autres, la mienne.

I

FEMME ARABE
LISANT LE MARQUIS DE SADE

Les livres sont le seul endroit au monde où deux étrangers peuvent se rencontrer en toute intimité.

MAY ZIADÉ,
poète et essayiste libanaise
(1886-1941).

J'ai toujours été ce qu'on pourrait appeler, avec sympathie ou réprobation, une "mauvaise fille". De fait, mes souvenirs d'enfance les plus nets sont ceux d'une fillette enragée de curiosité, attendant avec impatience le départ de ses parents pour atteindre, juchée sur une chaise, les secrets cachés sur les plus hautes étagères de l'immense bibliothèque de son père. Dans le premier âge de ma vie, je ne voyais d'intérêt qu'à deux choses, dès que je me trouvais seule : la lecture et la masturbation. Toutes deux requéraient la solitude pour être pleinement appréciées.

Ma mère aime à rappeler trois "images" qu'elle trouve révélatrices de ma personnalité. Quelques heures à peine après ma naissance, elle prétend que j'avais déjà les yeux grands ouverts, et observais avidement le monde qui m'entourait. Les infirmières l'assurèrent qu'elles avaient rarement vu de nouveau-né si réceptif aux signaux extérieurs et les avalant si "goulûment". Le second fait est qu'apparemment, dès l'âge de neuf mois, j'ai opposé une résistance farouche à tout effort de contrer ma volonté, qu'il s'agisse de me faire porter le petit manteau rouge trop serré qui me privait de ma liberté de mouvement, ou de me faire boire du lait quand je n'avais pas vraiment faim. On prétend que je n'hésitais pas à griffer, mordre, voire cracher, quand il s'avérait nécessaire de recourir à ces armes de riposte[1].

Puis il y a cette étrange histoire, selon laquelle avant même que je ne sache marcher, chaque fois que ma mère devait sortir en courses, sans personne pour me surveiller, elle m'asseyait sur une petite chaise, la posait sur une table haute, et m'y laissait, seule dans la maison, confiante que je ne bougerais pas, parce qu'elle savait que je savais que, si je bougeais, je me ferais très mal. A son retour, elle me trouvait exactement dans la position où elle m'avait laissée, me tenant assise avec précaution sur la petite chaise en bois, saine et sauve, m'inventant sans doute un accès au monde par le rêve.

Insatiabilité, défi de l'autorité et conscience de soi : trois traits majeurs de ma personnalité naissante que j'ai conservés, je crois pouvoir le déclarer sans courir le risque de paraître me flatter ou déborder d'assurance. J'ignore si ces trois récits relèvent du penchant des mères à mystifier leurs enfants ou de la vérité. Mais une chose est sûre : ce

1. Les mots en italique suivis d'un astérisque sont en français dans le texte. *(N.d.T.)*

nouveau-né avide, avec ses yeux verts écarquillés ; ce bébé rebelle qui, à neuf mois, ne se laissait rien imposer sans résister bec et ongles ; cette enfant d'un an, assez lucide pour avoir compris que mieux vaut ne pas bouger parfois, si l'on veut éviter les bleus, sont devenus la femme qui a choisi, progressivement, de s'opposer à la logique du temps et de l'espace, pour vivre une vie "atypique", à plus d'un égard.

Toutefois le plus fertile des sols ne produirait pas d'arbre sans graine. Qu'est-ce qui en a tenu lieu pour moi ? Qui a été, et demeure, mon mentor sur cette route qui se poursuit ?

Une complice toute-puissante nommée littérature.

"C'est ce qu'on lit quand on n'y est pas obligé qui détermine ce qu'on sera quand on n'y pourra rien faire" (Oscar Wilde). Depuis le début de l'adolescence, je n'ai jamais fantasmé, à la différence de mes amies, sur Tom Cruise, Bruce Springsteen ou Al Pacino, Johnny Hallyday, ni même, vous me croirez ou non, Robert De Niro. Moi, je rêvais passionnément de Maïakovski, Pavese, et Gibran. De Dostoïevski, Salinger, et Eluard. Tels étaient les étrangers qui suscitaient en moi désir et fantasmes, et non les stars de cinéma ou les chanteurs de pop célèbres. Mes camarades de classe étaient avides d'illusions, moi, de rêves. Vous imaginez la suite.

Il me faut d'abord souligner que, contrairement à ce que ma vie, mes idées et mes choix pourraient laisser supposer, j'ai été élevée par des parents très attachés aux traditions *(bien que mon père soit un intellectuel, et ma mère plutôt moderne)*, des parents qui ne m'autorisaient pas, à l'adolescence, parmi nombre d'autres embargos, à aller au cinéma avec mes amies. Par-dessus le marché, j'ai fréquenté une école religieuse pour filles pendant quatorze ans. Cette éducation n'était pas le résultat d'un quelconque fanatisme religieux ou d'un manque de confiance en mes capacités en tant que fille. C'était plutôt la conséquence de leur peur *pour* moi parce que j'étais une fille. Je me suis plus d'une fois farouchement rebellée contre cette peur qui, selon mes critères, revenait à un manque de confiance. *"Je suis une femme, donc vulnérable. Faible. Offerte à tous les dangers. Proie désignée des menaces, et ainsi de suite."*

Mais ni le conservatisme de mes parents ni mon environnement scolaire, que j'ai dénoncés et contre lesquels j'ai lutté, comme je l'ai dit, par pur principe, ne m'ont vraiment gênée, car j'ai grandi dans un transport absolu, parfait, vers le monde des livres et de l'écriture. Ainsi, malgré mon éducation traditionnelle et le poids de la peur et des chaînes, j'ai joui d'une liberté intérieure grâce à mes lectures émancipatrices ; or la liberté, je l'ai appris plus tard, commence dans l'esprit, avant de se traduire dans les modes d'expression et le comportement.

J'étais un nœud de contradictions : enfant calme et facile en apparence, tourbillon d'activité mentale à l'intérieur ; douce, posée et affectueuse, mais prête à me changer en lionne rugissante si on me blessait ou me prenait quelque chose qui m'appartenait ; d'une sensibilité extrême, mais aussi d'une force extrême. Je trichais quand je jouais au Scrabble avec mon frère, parce que je ne supportais pas de perdre *(plus tard, j'ai appris à m'en accommoder).* J'étais enflammée, passionnée, têtue, combative, irritée contre les tabous et dénuée de la moindre patience *(cela n'a pas changé).* Précoce, je négligeais les jouets *(dans l'ensemble, je méprisais les jeux de filles, surtout les poupées Barbie et leurs accessoires),* préférant chiper de gros livres inadaptés à mon âge, que je dévorais en secret.

J'avais plus d'une raison d'adorer la lecture. Lire me faisait respirer, vivre *(ma vie autant que celle des autres),* voyager, échapper à une réalité brutale. Lire me permettait d'étouffer les explosions de la guerre du Liban, d'ignorer les cris de mes parents, leur quotidien de querelles et de souffrances. Je lisais pour assouvir ma faim, conquérir ma liberté, gagner des forces, caresser mon âme, la gifler. Je lisais pour apprendre, pour oublier, me rappeler, comprendre, espérer, planifier, croire, aimer. Je lisais pour désirer, intensément, passionnément.

Plus que tout, je lisais pour être capable d'honorer la promesse que je m'étais faite que, un jour, ma vie serait différente. Promesse que j'ai tout fait pour tenir, en mémoire de la petite Joumana qui, prise entre les feux croisés des milices dehors, et des disputes de ses parents dedans, s'évadait en rêve, dans l'un des abris dégoûtants de Beyrouth.

Je ne me souviens pas du premier livre que j'ai lu. Je pose souvent cette question à mon père, qui m'a légué sa passion pour la lecture, et fut mon principal fournisseur, mais il ne s'en souvient pas non plus. En revanche, je me vois encore, à neuf ou dix ans, assise à la table de cuisine dans notre petite maison, dévorant les livres puis écrivant sans relâche des histoires semblables à celles que je venais de lire *(souvent à la bougie, à cause des fréquentes coupures de courant pendant la guerre).* A la maison, on m'avait surnommée "pacha écrivain", à cause de mon majeur tout enflé par l'écriture (on n'était pas encore à l'ère de l'ordinateur).

J'ai découvert, ou, devrais-je dire plutôt, le marquis de Sade m'a découverte, alors que j'avais à peine douze ans. Les étagères de mon père m'offraient leurs délices avec largesse toutes les vacances d'été durant. Je pouvais choisir à mon gré, en totales liberté et impunité, puisqu'il était absent toute la journée et avait confiance (à tort) en ce que je m'en tiendrais à ce qui convenait à mon âge. Mes traits d'innocence, en conflit constant avec les démons qui m'habitaient, offraient une couverture idéale à la folie, à l'avidité et au délire qui m'agitaient l'esprit. Mon père, à l'intelligence si pénétrante, était-il vraiment dupe, ou avait-il besoin de cette illusion, comme tout parent traditionaliste ? Franchement, je l'ignore. Mais je dois dire que mes traits "placides" continuent d'en tromper plus d'un, aujourd'hui encore, quant à ma véritable nature et à celle de mes pensées, les conduisant à élaborer des jugements fondés sur les apparences ("Elle est tellement mignonne"), et à tomber ainsi dans le "piège", mon piège ("Mais grand Dieu, c'est le diable !").

Et cette escroquerie involontaire ne me dérange pas. Loin de là.

Ce "glorieux" jour du marquis de Sade marqua en moi un changement irrévocable. Envisagez-le comme un simple problème mathématique : deux trains, A et B, séparés par des siècles et des continents, mais se déplaçant l'un vers l'autre sur la même voie, sont voués à se rencontrer en un point de l'espace et du temps. Le marquis de Sade était le train A, et s'il y avait un train B, c'était bien moi !

Ce matin-là, venant d'achever *Les Illusions perdues* de Balzac, j'étais en quête d'une nouvelle proie. Debout devant la haute bibliothèque, je me mis à parcourir les titres. Alors j'entendis un petit livre jauni m'appeler depuis le sixième rayon. Il s'intitulait *Justine, ou les Infortunes de la vertu.* Intriguée, je m'en saisis, et l'ouvris aux premières pages. C'était un très vieux livre, publié en 1955, par Jean-Jacques Pauvert *(qui d'autre aurait pu montrer assez d'audace et de perversité pour publier ce genre de livre en France à l'époque ?).*

Je sautai le remarquable avant-propos de Georges Bataille, auquel je retournai bien des années plus tard, pour entrer directement dans le roman. Je lus cette fantastique et terrible histoire d'une traite, prise d'un mélange de panique et d'incrédulité, hypnotisée et terrorisée, comme quand on ne peut résister à l'attraction fatale de l'objet de la peur. Ou qu'on ne peut s'empêcher de regarder un film d'horreur, de monter sur montagnes russes, malgré la terreur inévitable. Adrénaline : à la lecture de ce livre, une vague d'adrénaline me traversa le système nerveux. J'essayai de retrouver cette sensation à chaque volume que je lus par la suite, à tel point qu'elle devint l'un de mes critères littéraires pour juger du succès ou de l'échec d'un livre dans mon système de références privé. La quête d'adrénaline, et mon addiction à la substance, devint aussi un critère dans ma vie, et dans mes relations au sexe opposé.

"Les livres peuvent être très dangereux. Les meilleurs devraient porter l'étiquette *Ceci pourrait changer votre vie*" (Helen Exley). Je ne vois pas comment une fillette de douze ans pourrait sortir indemne de la lecture d'un livre "dangereux" tel que *Justine*. Comment pourrait-elle franchir le saut de Balzac à Sade sans tomber dans l'immense abîme qui les sépare ? Pour le dire plus simplement, j'ignore comment je me suis tirée intacte de cette rencontre brutale (mais restai-je vraiment intacte ?). Ce que je sais, c'est qu'elle a en effet changé ma vie. J'aime à l'appeler mon "baptême de la subversion".

Un livre après l'autre, au fil des lectures et des confrontations, le marquis de Sade a pris possession de mon esprit. Il m'a attrapée par les épaules, m'a regardée droit dans les yeux et m'a dit : "Ton imagination est ton royaume. Tout est permis dans ta tête. TOUT est possible. Ouvre grandes les fenêtres, et n'aie peur ni des infractions ni des hallucinations."

Ce jour-là, le marquis me libéra de certaines de mes chaînes mentales. Et après lui, d'autres auteurs qui écrivaient avec la même beauté, la même audace et insolence, en firent autant. En un mot, je devins "corrompue".

Sans retour.

La lecture de livres pour "adultes", tels *Justine*, *Lolita* et *Sexus*, alors que j'avais à peine douze, treize ou quatorze ans me fit le plus grand bien, si étonnant que cela puisse paraître. Il me faut bien spécifier que j'ai lu tous ces livres en français, pas en arabe. De fait, malgré mon amour de la langue arabe et de ses auteurs *(surtout Gibran Khalil Gibran, et les poètes et romanciers modernes)*, la plupart de mes lectures jusqu'à l'âge adulte se sont faites en français, soit qu'il s'agisse d'auteurs français soit d'auteurs traduits en français. Il convient de souligner l'impossibilité pure que des œuvres telles que *Justine* soient d'un accès libre et facile en arabe, ou prises ouvertement au sérieux par beaucoup d'intellectuels arabes aujourd'hui, ce qui crée un contraste dramatique avec une culture qui, en des temps aussi reculés que l'an 900 après J.-C., était immensément plus érotique et subversive qu'aucun texte alors écrit en Occident. Il suffit de citer *Le Jardin parfumé* du cheikh Nefzaoui (XVe siècle) pour illustrer mon propos :

> Si vous désirez le coït, placez la femme au sol, tenez-la fermement embrassée, vos lèvres toutes proches des siennes ; alors serrez-la contre vous, aspirez son souffle, mordez-la ; embrassez-lui les seins, le ventre, les flancs, serrez-la dans vos bras ; jusqu'à ce qu'elle s'évanouisse de plaisir ; quand vous la voyez ainsi transportée, introduisez votre membre. Si vous avez procédé comme indiqué, le plaisir vous viendra à tous deux simultanément.
>
> Toutes les femmes n'ont pas la même configuration de vulve ; elles diffèrent aussi par leur façon de faire l'amour, ainsi que dans leurs amours ou leurs aversions. Une femme ronde dotée d'un utérus évasé recherchera un membre à la fois court et épais, de nature à complètement lui emplir le vagin, sans en toucher le fond ; un membre long et grand ne lui conviendrait pas. Une femme avec un utérus logé profondément, et donc un long vagin, n'aspire qu'à un

> membre long, épais et d'amples proportions, qui lui emplisse entièrement le vagin ; elle n'aura que mépris pour un petit membre mince qui ne saurait la satisfaire.
>
> Il a été observé qu'en toutes circonstances les petites femmes aiment davantage le coït et montrent une plus grande affection pour le membre viril que les grandes ou grosses femmes. Seuls de longs membres vigoureux leur conviennent ; en eux seuls trouvent-elles le délice de leur existence et de leur couche. Il est aussi des femmes qui n'aiment le coït que sur leur clitoris, et quand un homme allongé sur elles veut introduire son membre dans le vagin, elles l'extraient à la main pour placer le gland entre les lèvres de la vulve. Dieu nous garde de ces femmes-là !

Comment sommes-nous passés de ce degré précoce de liberté, prenant si naturellement le sexe pour objet de discours, à cette constipation contemporaine ? Mystère. Quand avons-nous commencé à glisser le long de la pente des tabous ? C'est là l'une des questions qui m'obsèdent, l'une de mes préoccupations constantes.

J'ai parlé de *Justine*, mais que dire de *Lolita* ? Dans un monde arabe focalisé sur la chasteté des femmes, les manières et le comportement "purs" des jeunes filles, semblable livre ne peut qu'être considéré comme pour le moins scandaleux. Toutefois, la pratique islamique officielle de la pédophilie ne fait pas scandale, elle, et il semble tout à fait normal jusqu'à nos jours d'épouser une fille de quatorze ans. Le Centre international de recherche sur les femmes estime qu'il y a aujourd'hui dans le monde cinquante et un millions d'épouses enfants, presque toutes dans des pays musulmans.

Prenez aussi ces paroles terrifiantes de l'ayatollah Khomeiny, l'un des plus célèbres membres du clergé islamique du XXe siècle, tirées de son livre *Tahrir al-Wassila* :

> L'homme ne doit pas avoir de rapport sexuel avec sa femme, ni régulier ni occasionnel, avant qu'elle atteigne l'âge de neuf ans ; en revanche, il peut prendre du plaisir, en la touchant, la tenant, se frottant contre elle, quand bien même elle ne parlerait pas encore. S'il la pénètre sans la déflorer, il n'a aucune responsabilité envers elle. Mais s'il déflore la petite fille [...], il lui revient d'assurer sa subsistance toute sa vie durant.

En matière de dépravation, *Lolita* repassera. Pour qui a lu ce qui précède, le roman de Nabokov paraît angélique.

A cause de l'hypocrisie et de l'absurdité de ces disparités, je me réjouis d'avoir eu le français pour m'ouvrir une fenêtre sur "l'interdit". Sincèrement, je ne peux pas imaginer l'état d'indigence et de privation dans lequel je me serais trouvée aujourd'hui sans les dons et privilèges culturels que le français m'a apportés *(à ce niveau, et à lui seul, j'ose parler de la chance d'être libanaise, le Liban étant un pays arabe francophone).* Aragon, Stendhal, Flaubert, Hugo, Sartre, Camus, Beauvoir, Céline, Musset, Sand, Colette, Genet... Sans oublier Dostoïevski, Gogol, Miller, Nabokov, Kafka, Yeats, García Márquez, Pirandello, Poe, Rilke, Pessoa, et Pavese, entre de nombreux autres. Je ne serais tout simplement pas celle que je suis aujourd'hui sans tous ces "chevaliers".

Le second effet bénéfique de mes lectures présumées choquantes, outre la libération de mon esprit, est de m'avoir sauvée du romantisme médiocre des récits à l'eau de rose, inoffensifs et d'une banalité sirupeuse, que mes camarades échangeaient en secret, rougissant à l'idée de commettre "l'indicible". Tandis que ces adolescentes rangées s'excitaient à la lecture des troubles histoires d'amour de Barbara Cartland, culminant, dans le meilleur des cas, en un "baiser passionné" ou une "étreinte sauvage", j'étais plongée dans l'univers impossible d'orgies incessantes, de prêtres sodomisant des vierges, de jeunes filles séduisant des quinquagénaires et ainsi de suite. Mon enfance prit fin assez tôt, j'imagine, si par enfance on entend l'ère de la "précorruption" et de la "prétentation".

Il n'était donc pas si surprenant que je regarde mes camarades filles avec condescendance. En retour, elles m'appelaient "la timide". Parce que, entre elles, ça parlait de l'homme qui leur avait souri sur le chemin de l'école, ou du cousin au visage acnéique qui leur avait tenu la main sous la table au repas pascal. A l'évidence, j'étais hors jeu. Je n'avais rien à raconter. Je ne m'intéressais pas aux "vrais" garçons *(je dois avouer à ma décharge que j'ai compensé cette apathie initiale avec ardeur plus tard dans ma vie !).*

La réalité était si terne par rapport à ce que j'absorbais dans mes livres chéris ; marquée d'une mièvrerie puérile, elle me semblait une perte de temps, tout simplement. En outre, j'étais une solitaire pure et dure. La solitude ne me pesait pas. Plongée dans ces merveilles de lecture, de rêve et d'écriture, je me délectais de ma propre compagnie, intimement convaincue que chacun est en lui-même une foule. Mes amies adolescentes prenaient ma maturité un peu snob pour de la timidité. D'où ma réputation d'innocente craintive *(si elles avaient su !)*, réputation qui, pour être très franche, me fut fort utile à l'école.

La troisième conséquence non moins constructive (du moins à mes yeux) de mes lectures subversives précoces est d'avoir attisé sans relâche ma curiosité et mes fantasmes érotiques, et forgé en moi une libido et un imaginaire sexuels non conformistes. L'exploration est un art, les possibilités illimitées, et les tabous faits pour être brisés.

Et cela aussi m'a été fort utile dans la vie.

(Evidemment.)

"Nous décrivons toujours l'exception comme une «anomalie». Nous refusons d'y croire, parce qu'elle nous menace" (Yusra Mukaddem). De semblables "anomalies" littéraires m'ont incontestablement transformée. Et, incontestablement, pour le mieux. Si j'avais eu la chance, ou s'il m'arrive encore, de donner naissance à une fille *(j'ai à ce jour deux fils formidables, qui à mon grand dam fuient les livres comme la peste)*, il est certain que je lui aurais offert, ou lui offrirais, pour son douzième anniversaire, ces volumes aussi éclairants que dérangeants. C'est l'un des conseils que je donne aux femmes qui me demandent de les guider, prenant mon enthousiasme débridé pour la sagesse d'un gourou.

Les livres, voilà ce que je leur réponds. N'ayez pas peur des livres, même les plus dissidents, et en apparence les plus “immoraux”. On ne se trompe jamais en choisissant la culture, qu’elle soit sophistiquée, pop, éclectique, antique ou moderne. Je suis convaincue que la lecture est l’un des plus puissants outils de libération que l’être humain et la femme arabe contemporaine puissent exploiter. Ce n’est certes pas le seul, surtout à l’ère des nouveaux moyens de connaissance, d’apprentissage et de développement, plus visuels, interactifs et expéditifs. Mais comment ne pas être convaincue des pouvoirs de la littérature, alors qu’elle est à l’origine de mon émancipation en tant qu’individu et en tant que femme ? Sur ce point, je sais ne pas constituer une exception, car plus d’une femme arabe doit à la littérature la première étincelle du modèle de vie et de pensée atypique ensuite adopté.

Mais à l’époque, il y avait la guerre.
Et la guerre, c’est une autre histoire.

II

FEMME ARABE SANS PATRIE

L'absence de vision claire de l'avenir est l'un des problèmes les plus tragiques auxquels les Arabes sont aujourd'hui confrontés.

FATIMA MERNISSI,
écrivain et sociologue marocaine
(1941-...).

Tous les humains ont des phobies. La mienne est d'un genre particulier. Ce n'est ni un animal, ni un lieu ; ni une activité, ni une situation. C'est un son.

Oui, qu'on le croie ou non, ma phobie est un son. Le son atroce d'un sifflement. Chaque fois que je l'entends, depuis ma plus tendre enfance, j'ai la chair de poule et mon cœur s'affole. Chaque fois, aujourd'hui encore, je scrute l'horizon, prise de panique, pour voir d'où vient l'obus imaginaire. Pour voir, surtout, s'il va, ou non, me tomber sur la tête, et sur celle des êtres que j'aime. Pour moi, c'est le symbole de l'attente de la mort. L'annihilation de l'avenir.

Ce son redoutable, si injuste que cela puisse paraître, résume Beyrouth à mes yeux.

Je ne saurais dire combien de fois, durant mon enfance au Liban, je me suis dit : "Je méprise cette terre." Combien de fois je me suis dit : "Au diable ce pays, son identité homicide, la cruauté de sa géographie, ses religions perverses qui dressent les hommes les uns contre les autres au nom d'un Dieu qui n'est même pas sûr de sa propre existence."

Je ne saurais dire combien de fois j'ai souhaité, dans ces moments fréquents de désespoir et de malheur, avoir le cœur *vide* et léger, libre de ce surpoids de peur, de chagrin, de douleur et de déceptions ; libre de regrets, de souffrance, de peine, de frustration et de doutes ; libre de ressentiment, de deuil et de suspicion.

Je ne saurais dire combien de fois j'ai planté mes dangereux ongles dans mes paumes, geste de terreur, de colère ou d'impuissance, auquel j'étais venue au fil des années ; années d'angoisse, de désenchantement et de rage.

Nombreux sont ceux qui adorent leur enfance et la chérissent. La mienne me répugne, hormis les lectures inspirantes qui l'ont rendue supportable et enrichie. Si seulement je pouvais oublier le reste. Rien à sauver. Bien sûr je ne peux pas tout mettre sur le compte de la guerre. Ce n'était que l'un des nombreux éléments agressifs et destructeurs qui m'entouraient. Mais je ne vais pas m'apitoyer sur moi-même ; ce n'est pas mon style. D'ailleurs, des conflits que j'ai connus, directement ou comme témoin, aucun n'a réussi à me détruire. Au contraire : nous devons aux guerres de transformer beaucoup d'entre nous, leurs survivants, en féroces combattants, farouchement résolus à vivre, s'épanouir, se réjouir, apprendre et progresser. Toutefois je ne peux m'empêcher de penser combien nous serions différents, nous tous Arabes *(que nous soyons libanais, palestiniens, irakiens, ou autres : il n'y a que l'embarras du choix)*, si nous n'avions pas connu ces guerres atroces qui se poursuivent ?

La guerre est une affaire d'hommes, dit-on. Et perdre des êtres chers une affaire de femmes, j'imagine. La femme arabe ne serait-elle pas plus sereine et plus concentrée sur ses propres combats si elle n'avait pas dû assumer de force, dans tant de pays, le rôle de veuve, d'orpheline, de mère ou de sœur en détresse ?

Quant à moi, connaîtrais-je cette addiction au risque si je n'avais vécu ces épreuves dans ma jeune enfance ? Si je n'avais vu, parmi d'innombrables spectacles d'atrocités, la jambe de notre voisin Malcon arrachée de son corps ? Ou les miliciens attacher leurs adversaires à l'arrière de leurs voitures pour les traîner dans les rues de Beyrouth comme des chiens crevés ?

"Le conflit est mon destin, il me faut l'accepter", me répétais-je à voix haute devant le miroir, comme un mantra, pour me calmer après semblable spectacle, ou une horrible explosion, ou la nouvelle d'un ignoble assassinat. Je finis même par apprécier, non sans un certain masochisme, l'impact atroce de la déclaration sur mon corps : oreilles, peau, poumons, estomac, pelvis, tous vibrant. Je finis par m'habituer à la symphonie du combat. Quelle horreur, que de le dire, le sentir et le penser. Mais ça n'en est pas moins vrai. "J'ai pris le pli de la guerre", dis-je à mes amis étrangers aujourd'hui, tentant de faire de l'humour de ce qui en moi est le plus douloureux. Après tant d'années d'entraînement et d'aliénation, je me suis habituée à la symphonie du combat, à son accompagnement de peur et de mort.

Je me suis habituée à tout, chose étrange, sauf au sifflement.

C'est que j'ai été frappée par la foudre fatale de la célèbre guerre civile du Liban alors que j'avais à peine quatre ans et demi. Elle a éclaté en 1975, le 13 avril : le "dimanche noir", comme on l'appelle. Quand ils entendirent les premiers coups de feu et les explosions, mes parents crurent à des feux d'artifice. "Des festivités de mariage, peut-être", dit ma mère, sans interrompre la préparation du repas dominical. Mais ce n'était pas un mariage. C'était une guerre, qui a consumé les plus belles années de mon enfance et de mon adolescence. Qui a tué des gens, détruit des foyers, des familles, pour devenir une usine de veuves et d'orphelins. Une guerre qui a rendu la durée épaisse et lourde, comme de la boue. Une guerre qui m'a pourri les entrailles, en y instillant des peurs et y ouvrant des plaies putrides qu'aujourd'hui encore je cherche à dissimuler, ou du moins dont j'essaie de m'accommoder.

Et ces plaies sont le prix à payer pour être, comme moi, née à Beyrouth.

"L'appartenance se choisit, se reçoit, se renouvelle. C'est l'œuvre d'une vie" (John O'Donohue). Il me faut à présent préciser que, bien qu'ayant grandi à Beyrouth, sans jamais être partie vivre à l'étranger, je n'ai jusqu'à ce jour jamais eu le moindre sentiment d'appartenance, ni à cette ville ni à ces lieux. Peut-être parce que je n'en ai jamais vu que le visage hideux, cruel et rude : le visage de la destruction et de l'angoisse, de la mort et de la course aux abris. Je n'ai jamais joué dans ses rues ; ne me suis pas promenée sur sa Corniche, ni connu son âge d'or.

Il m'a par exemple fallu attendre l'âge de dix-sept ans pour me rendre à ce qu'on appelait Beyrouth-Ouest. Auparavant, ce n'était pour moi qu'une image de carte postale, lieu vague auquel mes parents faisaient allusion parfois, dans un élan de nostalgie. Ils parlaient aussi du cinéma Capitole, du souk El-Tawileh, et autres mystérieux endroits portant des noms abstraits qui me restaient étrangers. Ma Beyrouth n'est pas la leur. Il y avait un abîme, une séparation nette. Ni lien, ni passerelle. Comme si j'étais d'un autre pays, avec une capitale complètement différente.

Beyrouth n'est donc ni ma mère, ni mon amie, ni ma partenaire. Pas d'amour entre nous, pas même une complicité. Elle ne m'a pas donné le jour, aucune de nous n'a adopté l'autre. A dire le vrai, cette séparation, ou relation distante, ne me gêne pas le moins du monde. De toute façon, je suis sans racines, et aime à penser mes pieds ancrés dans les nuages. Ma nation à moi est une poignée d'endroits que j'aime quand je m'y trouve, éparpillés de par le monde. Je m'y rends, sans y vivre. C'est pourquoi ils continuent à me surprendre, sans que je ne revendique aucun droit de propriété sur eux. Tel est mon sens de l'attachement.

Quand je regarde Beyrouth aujourd'hui, je vois une femme qui a perdu son identité, prise au piège d'un cycle infini d'opérations de chirurgie esthétique, gardant les yeux rivés sur le miroir au lieu de les plonger dans son âme, en quête de sa magie passée, de sa grâce et de sa gloire d'antan. Où est son cœur ? Je l'ignore. A quel rythme bat-il ? Je ne le sais pas davantage. Bien que je me sois familiarisée avec la ville, il reste des quartiers où je ne suis jamais allée, et d'autres qui m'affolent dès que j'y pénètre. Beaucoup de mes amis, qui y vivaient avant la guerre, la disent artificielle à présent, et fausse presque en totalité. Je ne suis pas capable de faire la comparaison, faute de connaître la véritable personnalité de Beyrouth. Je me demande même si elle en a une. N'est-elle pas, comme tous les lieux où nous vivons, telle que nous la rêvons, amalgame de fantasmes et de désirs ?

Si je n'éprouve aucune ferveur envers Beyrouth, je ressens pourtant de l'empathie. Pas d'affection, ni de nostalgie, mais peut-être quelque tendresse. Elle ne m'attire pas, ne saura pas me conquérir, et d'ailleurs ne m'aime pas trop non plus, je le sens. Mais si je devais désigner un aspect qui me plaît, ou du moins que je supporte mieux que les autres, ce serait son visage nocturne. J'aime son obscurité, ses bruits, cet abandon à sa liberté, ses désirs et ses caprices. De jour, Beyrouth est toute en excès, mais, de nuit, elle se lave le visage et sort sans fard ni postiche. De jour, Beyrouth est avant tout une commerçante, mais, de nuit, elle se change en une femme vulnérable, plus honnête et transparente, et donc peut-être aussi plus proche de son essence et de sa signification.

"Le choc de la guerre m'a poussée à chercher à comprendre Beyrouth, à l'explorer et à écrire sur elle. Pourtant je crois que ma plus grande inquiétude avant de commencer à écrire était de savoir comment écrire sur une ville qui ne ressemble à aucune de celles décrites dans les histoires de nos parents et de nos grands-parents. De quel genre de ville faire le portrait, alors que j'assistais à la destruction de son rêve de modernité sur tous les plans ?" (Alawiya Sobh). A la différence de nombre d'écrivains libanais, je n'ai jamais éprouvé le désir d'écrire sur Beyrouth, ni ne m'en suis inspirée. Parfois mes lecteurs me demandent : "Pourquoi ne parlez-vous pas de la guerre dans votre poésie ?"

Ma première réponse est : "Je ne suis pas encore prête."

La seconde : "J'aurais honte d'utiliser cet ingrédient pour susciter l'intérêt envers mon œuvre."

La troisième (la meilleure) est : "Ne cherchez pas la lame. Tout est dans les cicatrices."

De fait, depuis mes débuts dans l'écriture, j'ai toujours eu le sentiment que ma ville était pour moi tout le contraire d'une source d'inspiration. Et aujourd'hui encore, je sens que tout ce que je fais, dis ou écris se réalise contre sa volonté. Notre relation est polie, de circonstance, au mieux cordiale, mais il existe entre nous une aliénation sans borne. Beyrouth, reine des contradictions. Beyrouth, martyre et putain. Emancipée, mais portant le voile. Ambiguë, mais évidente. Loyale, mais traîtresse. Cupide et artiste. Orientale et occidentale. Séductrice et pèlerine.

La ville où la vie ressemble à un rôle dans un mauvais show de téléréalité.

Où l'on ne peut s'empêcher d'éprouver le sentiment de coucher avec l'ennemi chaque fois qu'on va au lit, l'ennemi étant soi-même.

Où l'on a plus de chances de gagner sa vie en tenant un bar qu'en écrivant.

Où le seul lectorat dont on puisse rêver *(sans pouvoir compter dessus)* est constitué de pairs écrivains qui à l'évidence s'attendent à ce que leur faveur leur soit retournée quand viendra leur tour de publier.

Où l'anarchie passe pour l'ordre, et la notion d'honneur est presque exclusivement associée à ce qu'une fille a entre les cuisses.

Où tous les politiciens se disputent le pouvoir en permanence, telles des poules quelques miettes de pain, sans qu'aucun ou presque ne prête d'attention réelle et efficace au besoin d'instaurer une société civile, cultivée et jouissant d'une conscience individuelle et collective.

Où les autorités religieuses restent les vrais décideurs concernant nos affaires publiques et privées.

Où les femmes ne jouissent même pas du droit de transmettre leur nationalité à leurs enfants si leur mari est étranger, parmi de nombreuses autres mesures discriminatoires ; mais peuvent bénéficier d'un prêt spécial pour se faire gonfler les seins ou raccourcir le nez.

Où les homosexuels doivent se cacher comme s'ils représentaient un fléau mortel.

Où un film peut être censuré en un clin d'œil s'il traite de sujets "délicats" (comme le sexe ou la religion).

Où nous n'avons toujours pas de musée d'Art contemporain digne de ce nom.

Où, pour la plupart des jeunes femmes, faire du shopping ou passer toute une journée à se faire bronzer fait plus de sens que de consacrer une heure à lire quelques pages d'un bon livre *(les deux n'étant absolument pas incompatibles).*

Où les filles de "bonne famille" doivent être vierges pour leur nuit de noces.

Où les hommes continuent à chercher pour épouses des vierges de "bonne famille".

Où les librairies meurent sans cesse, et nombre d'éditeurs luttent pour survivre.

Où mon fils de dix-sept ans apprend toujours à l'école que la poésie est un assemblage de formules romantiques avec une rime à la fin.

Où mon fils de dix ans éprouve plus de curiosité envers Akon, 50 Cent et la danse tecktonick qu'envers Chopin, Picasso ou Victor Hugo, parce que ces derniers lui sont injustement présentés de la façon la plus terne possible…

Je pourrais remplir des livres sur nos défauts, nos faillites et nos ratés. Je sais que cela en surprendra plus d'un, Beyrouth ayant la réputation d'être une ville arabe "différente". Plus ouverte, plus cosmopolite, plus égalitaire. Mais l'exagération de ses spécificités nous ferait tomber dans le piège de l'anti-cliché, qui consiste à prétendre avec complaisance que tout va pour le mieux dans le meilleur des mondes. C'est faux. Car beaucoup de choses vont mal, à un degré alarmant, dans notre bon vieux monde.

Au risque de paraître impitoyable et rude, je ne peux, en critiquant le monde arabe, m'empêcher de critiquer avec plus de virulence encore mon propre pays, qui en fait partie. En outre, je suis convaincue que le patriotisme est l'expression d'un romantisme candide ; ce qui est pour moi inacceptable. Le patriotisme rend aveugle, y compris à soi-même. Le patriotisme vous plonge dans un état de déni constant. Si on ne se montre pas sévère et critique envers soi-même, pour essayer de s'améliorer, on ne peut nourrir aucune attente. Je pense que, malheureusement, la plupart des Libanais sont assez doués pour l'indulgence envers eux-mêmes. Quand on ne peut incriminer la guerre, on accuse la situation politique. Ou alors l'endettement. Ou les forces étrangères. Ou les pays voisins. Et ainsi de suite. La seule chose que nous n'ayons pas encore rendue responsable de nos malheurs est le climat, mais nous pourrions y venir assez vite, étant à court d'arguments. Le réchauffement planétaire, voilà un bon problème bien à la mode.

C'est pourquoi tous mes actes, mes dires et mes écrits visent à triompher de cette mère perfide, à écraser à mon tour cette force écrasante. Tel un monstre dont il faut transpercer le cœur pour qu'il ne continue pas à me dévorer chaque jour jusqu'à ce qu'il ne reste plus rien.

Est-il donc si surprenant que je ne veuille pas de ce lieu pour patrie ?

On m'interroge parfois sur les questions d'identité et d'appartenance, et sur le sens qu'elles ont pour moi. Outre mon scepticisme envers tout concept absolu, tout mot qui semble avoir été inventé pour être écrit en majuscules, je crois aussi que dans ce monde il y a d'une part un "moi", de l'autre la vision que nous en avons. La vision que j'ai de moi, du moins celle qui me plaît, parmi toutes – dont certaines sont franchement hideuses –, est celle d'une femme sans ancrage. C'est pourquoi, sans doute, j'éprouve un sens d'appartenance plus fort envers des lieux distants qu'envers ma propre ville. Quand je flâne dans le quartier Saint-Germain à Paris par exemple. Ou que je contemple les cieux changeants au-dessus d'une ville d'Italie. Ou me promène au bord de la mer à Carthagène des Indes, en Colombie. Ma véritable patrie est faite de la somme de tous ces lieux. Vouée à l'incomplétude, elle accueille d'autres villes et sites chaque fois que, quelque part, je découvre un "moi" nouveau. Un ami m'a demandé un jour : "Quel est ton endroit préféré au monde ?" J'ai aussitôt répondu : "Ma tête." Ma vraie ville est donc peut-être… moi-même.

(Et les bras de l'homme que j'aime, quand je suis amoureuse.)

L'appartenance ? Merci, mais c'est non. J'ai grandi dans un pays qui me hait et me l'a fait sentir sous d'innombrables formes. Je refuse de me réclamer d'un tel lieu. Résolument, je n'appartiens pas à Beyrouth. J'y vis, c'est tout. La simple idée d'appartenir à un monstre si meurtrier me terrorise. Un monstre qui ne donne la vie que pour la reprendre par divers voies et procédés des plus sadiques. Je sais que, en tant que Libanaise et Arabe, je suis le fruit de ce monstre, mais il m'a évacuée de son corps et laissée à l'abandon dans la jungle. Il n'est que naturel que je le rejette, et tente de le blesser à féroces coups d'ongles ou de pied.

"S'il m'a fallu être cruel, c'est par tendresse" (Shakespeare, *Hamlet*). Je ne me montre pas cruelle envers Beyrouth. Mais jusqu'à présent, notre parcours étourdissant n'a été qu'accidents et cahots. Je dois toutefois reconnaître que survivre à Beyrouth *(car on n'y vit pas)*, en mettant une énergie inflexible à faire et dire les choses à ma façon, a fait de moi celle que je suis, en m'apportant grand nombre de satisfactions, ainsi qu'un formidable sens de l'accomplissement. L'un des "effets secondaires" heureux de cette détermination est que mon père, par exemple, ce même père qui refusait de me laisser sortir seule, s'entêtait à ne voir en moi qu'un ange pur et cachait en vain les livres estimés dangereux, corrupteurs, sur la plus haute étagère de la bibliothèque, me témoigne aujourd'hui une fervente approbation, si étonnant que cela puisse paraître. Et en plus, semble fier de moi. Enthousiaste. Admiratif. Plein d'estime.

Survivre à la guerre est en fait un excellent entraînement. Si ce n'était si brutal, je le recommanderais comme initiation efficace à la vie. Des années d'endurance, de dur labeur et de persévérance, passées à affirmer résolument ses convictions, à revendiquer le droit à rester en vie, libre et fidèle à soi-même, à mener tous les combats, du plus ample au plus infime, rend la volonté capable de déplacer des montagnes.

Dans mon cas, la volonté, et la poésie.
Et la poésie, sans conteste, est une autre histoire.

III

FEMME ARABE
ÉCRIVANT DE LA POÉSIE ÉROTIQUE

Un monde meilleur est impossible tant qu'on n'aura pas libéré l'esprit, le corps et avant tout le langage des femmes.

NAWAL SAADAWI,
auteur, activiste et psychiatre égyptienne
(1931-...).

La première fois que j'ai utilisé le mot "pénis" dans un poème, je devais avoir vingt-cinq ou vingt-six ans. Mon père l'a lu *(avec ma mère, il reste mon premier lecteur et fan)*, et n'a pu cacher son sentiment d'horreur. "Comment peux-tu écrire une telle abomination et la publier sous ton nom ? a-t-il protesté, d'une voix hésitant entre incrédulité et indignation. Tu n'aurais pas pu écrire «sceptre» à la place ?"

"Eh bien, père, ai-je répondu, *à dire le vrai, j'en ai assez des sceptres, des colonnes, des piliers, des sabres, des tuyaux, et de toute l'armada des métaphores phalliques. J'écris un poème en prose pour un magazine de poésie, le sujet en est un pénis, et j'aimerais le nommer."*

Ce fut aussi simple (et aussi complexe) que ça.

Nul besoin de dire que mon cher papa cacha le magazine après publication et pria avec ferveur qu'aucun membre de la famille ne le découvre, et avec lui mes scandaleuses hallucinations.

Pourquoi raconter cette anecdote ? Ce n'est pas que je trouve que le pénis soit forcément un sujet d'écriture extraordinaire. Mon propos est de montrer les principales étapes de ma progression, de la liberté de pensée à la liberté d'expression. Vous le voyez, le passage ne s'est pas fait assez vite, malgré l'effet catalyseur du "marquis et compagnie" et ma prédisposition naturelle à la "perversité". Alors que mes pensées et fantasmes corrompus et destructeurs s'ébattaient librement dans ma tête, en l'absence du moindre sentiment de culpabilité, il m'a fallu longtemps pour affranchir mon langage de la peur des mots. J'ai commencé à écrire à onze ans, et plus de quinze ans se sont écoulés avant que je n'ose exprimer mes véritables idées et convictions en arabe, d'une façon inflexible. De fait, quand je lis maintenant ma poésie de l'ère "prépénis" *(comme j'aime cyniquement la désigner)*, j'éprouve un malaise, mêlé de honte et de colère, car cette ère me rappelle que les femmes dans notre culture ont été si longtemps privées du droit d'exprimer leur corps. Je suis furieuse de la pernicieuse et injuste castration imposée à la langue arabe, et, par suite, à l'usage que j'en fais, en tant que femme, dans mon écriture. Honte et malaise aussi face à la quantité de termes et métaphores doucereux que j'employais pour cacher mon être véritable. Ce n'est pas un hasard anodin que mon premier livre de poésie soit écrit en français. J'ai commencé par me cacher lâchement dans la langue française pour éviter de confronter l'arabe.

C'est que, voyez-vous, la langue arabe tire grande fierté de la richesse de ses allégories, de ses symboles et synonymes. Dès lors, pourquoi courir le risque de dire “sein” quand on peut évoquer la famille illimitée des collines et des monts *(selon la taille du soutien-gorge)*, des pommes et des poires *(selon la forme de la protubérance)* ? Pourquoi choquer la sensibilité du lecteur en mentionnant le clitoris, alors qu'on peut, avec un effort d'imagination, le décrire comme “la fleur de paradis” ou la “lèvre céleste”, ou, si on est vraiment doué, le “seuil du volcan” ?

Ne vous méprenez pas sur mes sarcasmes : j'adore les images. Elles font bien sûr partie du jeu poétique. Mais je suis convaincue que ce jeu réside ailleurs aussi, dans la force du message que j'adresse. Dans le point de vue d'où il s'exprime. Et dans la tension qu'il saisit et transmet.

C'est ce que j'ai découvert quand un jour, enfin, j'ai eu le cran de dire “assez”, et de me révolter contre ma couardise envers les mots arabes (aussi maléfique qu'un cancer qui vous ronge en silence). Quand, enfin, je me suis demandé : Pourquoi devrais-je accepter qu'on me traite comme une mineure ? Qui d'autre que moi-même peut fixer des limites à mon écriture ? Quels critères externes, étrangers, sauraient-ils déterminer si je suis en overdose de liberté ? Et au risque de me faire traiter de provocatrice aussi impudente qu'insolente *(ce qui s'est produit plus tard)*, j'ai alors commencé à écrire sur le désir : orgasmes, hanches, hommes, langues, mamelons, et/ou toute partie du corps ou idée illicite devant figurer dans mon texte.

Depuis ce jour, le corps et l'érotisme n'ont jamais cessé d'être ma source d'inspiration première.

"De deux choses l'une : ou la parole vient à bout de l'érotisme, ou l'érotisme viendra à bout de la parole" (Georges Bataille).

"Pourquoi l'érotisme ? Pourquoi le corps ?" sont des questions que l'on me pose souvent. Ma seule réponse est une autre question : nous autres écrivains choisissons-nous nos sujets, ou sommes-nous choisis par eux ?

Quant à moi, je suis intimement convaincue que c'est le second cas.

Alors, pourquoi le corps ? Tout simplement parce qu'il est partie intégrante de moi-même, inséparable de mon âme et de mon esprit, temple de toutes mes expériences et terrain de ma vie. C'est le sol qui accueille en son sein les passions, les idées, le soleil et la lune, les craintes et les rêves, la pluie et le vent, les rivières, les oiseaux, les gens. Pour moi, la vie est une expérience physiologique, physique, instinctive et sensorielle, tout autant qu'émotionnelle, psychologique et intellectuelle. Il en va de même de l'écriture. Pour moi, tout est palpable et peut être touché : les mots, les pensées, les sentiments, l'inconscient, l'imagination, l'amour. Si j'écris sur le corps et le sexe, sur mes désirs et mes besoins, ce n'est pas pour exciter le lecteur, comme certains critiques arabes, par machisme, m'en accusent, mais pour représenter avec authenticité ma vie intérieure, et ses préoccupations.

Je ne distingue pas les sujets de ma vie des sujets de mon écriture : toute expérience vécue est un texte en puissance (écrit, ou encore à écrire), et tout ce que j'écris est une expérience de vie en puissance (vécue, ou encore à vivre). Quand j'écris, j'ai l'impression d'écrire avec mon corps et sur mon corps, avec mes ongles, à partir d'eux, comme si les mots me sortaient des pores pour venir s'inscrire sur ma peau. C'est une chasse violente, brutale et sanglante, autant qu'un voyage contemplatif et sensuel. C'est aussi ma façon de lire et d'aimer. Mots et sentiments se font écho dans ma chair avec la même force que dans ma conscience et mon inconscient. Au quotidien, l'intimité de mon esprit n'est pas séparée de celle de mon corps : chacune est une face de l'autre, sa jumelle, complice de tous ses "crimes".

Mais la même question ne cesse de revenir : "Pourquoi le corps ?"

Et pourquoi pas ? Pourquoi devoir toujours s'expliquer et se justifier ? Je vois bien que cette polémique peut paraître superflue, voire *dépassée**, à nombre d'Occidentaux, du fait qu'il existe plus d'un millier d'auteurs, hommes et femmes, explorant aujourd'hui en Occident le royaume de l'écriture érotique et de ses procédés, avec un parfait naturel. Malheureusement, il n'en est rien dans le monde arabe, où de coûteux impôts frappent la liberté d'expression, surtout celle des femmes, et où beaucoup parlent encore de la "pureté" et de la vertu de la littérature, comme si elle avait quelque mission morale.

Si c'était vrai, que faire de Céline, de Pound ou de Genet ? Que faire de Sade, de Nabokov et de Bataille, de

Calaferte, de Nin et de Miller, et des centaines, non, des milliers d'autres auteurs qui ont violé, et continuent de violer, fort heureusement, les lois et les conventions du politiquement correct, sans hésiter une seconde ? La vraie candeur, c'est d'être honnête envers soi-même et les autres. Ecrire sur le sexe est parfaitement naturel, instinctif, normal et logique, au point de me faire haïr toutes les manifestations d'étonnement ou de curiosité (ou de condamnation, plus que tout) à ce sujet. En mes jours plus lumineux, j'essaie de me montrer compréhensive, de pardonner, de rester audessus en attribuant cette réaction "déviante" à notre société orientale sournoise habituée à enfouir la tête dans le sable *(drôle d'espèce que la nôtre, entre le paon et l'autruche).* Mais je dois avouer qu'il n'est pas toujours facile de comprendre, pardonner, et rester au-dessus, surtout avec un tempérament comme le mien, confronté à la couardise, la fausseté et les doubles critères de notre joyeux monde arabe.

Certains Arabes parlent de la mission vertueuse de la littérature, tout en interdisant aux auteurs la liberté d'expression. Y a-t-il acte plus pervers que de priver un auteur de ses mots ?

Appelons les choses par leur nom : la censure est un viol.

Ce qui me conduit à la description nécessaire d'un autre fait pertinent : tous les doubles critères, les privations, la frustration et les limites dont nous sommes sans cesse témoins, moi et nombre d'auteurs arabes, frappent les femmes avec beaucoup plus de tyrannie que les hommes, qui, dans de nombreux cas, ne sont pas du tout concernés. Car dans notre cher vieux monde arabe, les hommes ont le droit de parler sans retenue de leurs parties génitales *(et d'en faire usage)*. Et en prime, ils ont le droit de parler de celles des femmes. Quant à celles-ci, elles doivent se contenter d'être le réceptacle béni des mots des hommes, sujet passif de leurs textes. Car elles ne sont pas nées pour s'exprimer. Mais pour qu'on les exprime. Le philosophe français Michel Onfray écrit dans *La Puissance d'exister* : "Quand la littérature produira l'équivalent d'un Casanova femme [...] et que ce nom propre deviendra un substantif valorisant pour l'individu qualifié, alors on pourra parler d'une réelle égalité." Je ne crois pas qu'Onfray veuille dire par là que les femmes doivent vivre leur sexualité d'une façon banale, comme ce pauvre Casanova, pour atteindre l'égalité avec les hommes. La solution n'est nullement de tomber dans le piège de la quantité préférée à la qualité. A l'évidence, il parle plutôt des "connotations" différentes qu'une description véhicule, par pure discrimination sexuelle. En ce sens, ses mots s'appliquent parfaitement aux cercles des critiques arabes.

De fait, nos chers critiques n'utilisent le terme "osé" que pour décrire les écrivains femmes. Une femme qui transgresse, c'est "osé". Un homme, c'est ordinaire : il "examine tous les aspects de la vie par l'écriture". Qu'une femme aborde le sexe parmi d'autres sujets, et elle est déjà vouée à se faire qualifier d'"auteur érotique" (ce n'est pas tant l'étiquette qui me dérange, plutôt les stigmates discriminatoires qu'elle porte dans nos contrées). Qu'un homme écrive sur le même sujet, c'est un thème parmi d'autres, complètement normal.

Mais il EST normal d'écrire sur le sujet, pour une femme comme pour un homme. Et cela devrait pouvoir se faire ouvertement. Jusqu'à quand le monde arabe va-t-il continuer à aborder le corps et le sexe soit par des métaphores d'une intrication stupide soit par de lamentables clichés ? Je suis stupéfaite d'observer les sous-titres en arabe des films occidentaux qui passent sur certaines de nos chaînes. Julia Roberts et Richard Gere, bouillant de passion, ne "font pas l'amour", ils "passent la nuit ensemble". La superbe Charlize Theron ne dit pas à sa copine qu'elle a noyé son amant de baisers mais qu'elle est "restée un moment" avec lui. Quant à ce voyeur de Pitt, il ne voit pas Angelina Jolie nue, mais *au naturel**. Sans oublier Sophie Marceau, qui n'a pas des "seins triomphants" mais des "courbes géographiques". En bref, ce ne sont qu'infinis et lâches détours, pour éviter les mots, les actes, les faits et le vrai ; réécriture tragicomique, dissociation pathétique de la traduction d'avec l'original.

N'allons-nous pas grandir un jour, et nous libérer de cette peur obscène du mot et de la désignation directe ? En particulier, n'allons-nous pas cesser de parler de femmes écrivains "osées" comme s'il s'agissait d'un phénomène à faire sortir les yeux de leurs orbites ?

La question suivante se trouve donc au cœur du sujet de ce livre. Demander ce que signifie être une femme arabe exige qu'on demande aussi : que signifie être une femme écrivain en pays arabe ? Et, plus problématique encore : que signifie être une femme écrivain écrivant sans compromis en pays arabe ?

Etre une femme écrivain en pays arabe signifie bien sûr s'attirer silences réprobateurs et marques de mésestime, et se voir marginalisée, de manière "inconsciente" ou volontaire, par hommes et femmes.

Etre une femme écrivain en pays arabe réclame d'être rusée et fuyante, montrant un peu par-ci pour mieux cacher par-là.

Etre une femme écrivain en pays arabe signifie, pour beaucoup mais pas toutes, heureusement, nommer les choses sous forme codée. Changer, par exemple, l'amant en ami, le père violeur en père de la pauvre petite voisine, et ainsi de suite.

Etre une femme écrivain en pays arabe signifie affronter le soupçon fréquent, insultant, qu'un homme écrit dans l'ombre ce que vous publiez en votre nom.

Etre une femme écrivain en pays arabe signifie s'imposer une autocensure rigoureuse, mille fois plus stricte, brutale et cruelle que celle qu'aucun censeur officiel n'imposerait de l'extérieur.

Etre une femme écrivain en pays arabe signifie déployer des ruses de stratégie, de flagornerie et de flatterie.

Quant à être une femme écrivain écrivant sans compromis en pays arabe (compromis avec la famille, la religion, les coutumes, la société, les censeurs), cela signifie, en plus de tout le reste, avoir du culot, du courage et peu de manières. Cela signifie être prête au “scandale”.

Ce n’est pas facile d’être une femme écrivant sans compromis en pays arabe. Pas facile de se “déshabiller”, couche après couche, devant des étrangers. D’exposer les autres à ses idées, visions, rêves, peurs, inspirations, erreurs, échecs et confessions, quand ces autres ne sont pas de simples lecteurs inoffensifs, mais d’implacables juges de la personne que l’on est. Ce n’est pas facile d’affronter le monstre des préjugés et de la gêne, et de prouver, malgré ce monstre intimidant, sa capacité à exprimer son moi absolu, dans sa force comme sa faiblesse, ses déceptions et ses espoirs, sa beauté et sa laideur, sa grandeur et sa petitesse, son éblouissante noblesse et sa vilenie.

Non, ce n’est décidément pas facile d’être une femme écrivant sans compromis en pays arabe. Nul ne l’ignore. C’est pourquoi toute femme écrivain est inondée d’accusations de nature patriarcale. Combien de fois, par exemple, une scène de sexe un peu animée dans un roman écrit par une femme lui a valu dénigrement, rumeurs et ragots concernant sa propre vie sexuelle et ses aventures ?

Les faits déprimants que je viens de citer ajoutent aux preuves qu’il existe une femme arabe “différente”. Cette femme mérite l’attention, l’écoute et la reconnaissance, car il n’est ni simple ni plaisant de vivre ce qu’elle vit. Elles sont nombreuses de ce tonneau dans notre culture et notre langue. Il est donc regrettable que l'intérêt des Occidentaux pour nos écrits soit pour l'essentiel mal orienté, préférant le mélodrame, le sensationnel ou d'autres textes trompeurs à la vraie littérature ; celle qui s'adresse aux vérités intimes de l'humain, où qu'il se trouve, en tant que détenteur d'une vérité universelle.

On pourrait penser que je place la littérature érotique ou subversive au-dessus de tous les autres genres, mais cela ne correspond absolument pas à ma vision, ni à mes critères en tant que lectrice et critique. Mais une femme qui écrit de la littérature explicitement érotique en pays arabe doit non seulement faire face aux controverses stériles, aux regards paternalistes et condescendants et au harcèlement moral, mais encore revendiquer la liberté comme une nécessité vitale, alors que beaucoup d'Arabes y voient un luxe. La liberté comme un besoin : liberté d'écrire sans ambiguïté, ou pas. De choquer, ou pas. En bref : le droit de choisir. De décider ce que l'on veut dire, vivre, sentir et faire. Rien n'est plus important sur le plan à la fois intellectuel et personnel. Et la poésie, c'est précisément cette liberté.

A propos de la relation entre poésie et liberté, et pour dépasser le débat concernant l'écriture érotique, il faut dire qu'être poète en soi n'est pour le moins pas simple. Nous sommes une espèce menacée, mal adaptée pour mener une vie sans risque sur la planète Terre. N'allez pas croire que je me complais dans le cliché selon lequel *"on ne peut pas écrire de poésie si on ne mène pas une vie misérable"*. Au contraire. Je suis une poète épicurienne frustrée, fermement résolue à être heureuse.

Ceci dit, être poète arabe est une identité quasi impossible à tenir. La cause en est simplement que, en plus des obstacles évoqués ci-dessus, nous sommes affligés d'un taux de lectorat catastrophique. Les chiffres parlent d'eux-mêmes : d'après des statistiques récentes, je vis dans une région où moins de 0,1 % des 270 millions d'habitants lisent ; où seulement 40 % de ce 0,1 % déjà assez déprimant lisent des livres ; et 9 % des 40 % du 0,1 % initial lisent de la poésie.

Je vous laisse faire le calcul. D'après mes certes modestes mais fiables capacités mathématiques, cela donne 9 720 lecteurs de poésie dans un monde arabe immense qui se targue d'abriter plus de vingt mille poètes. N'est-ce pas une ironie suprême ? Pourtant, cela ne fait rire aucun poète arabe. Nous nous retrouvons pris au piège d'un cercle aussi étroit qu'étouffant. Ajoutez-y la difficulté de trouver un éditeur local, agrémentez du désespoir d'être jamais traduit, faites mariner dans le mépris dont les écrivains font l'objet, en particulier les poètes, et l'enfer poétique cinq étoiles est prêt. Tant de matins, je m'éveille avec le sentiment que ma langue, inutile, s'étrangle, pendue haut et court.

Alors pourquoi écrire de la poésie, plutôt que des romans, comme on me le demande souvent ? Parce que "la poésie est la preuve que la vie ne suffit pas", ainsi que l'a dit un jour Fernando Pessoa. Parce qu'elle est une URGENCE, une histoire d'une intensité passionnée, sans préliminaires, qui convient à mon âme impatiente. Parce que c'est un éternel combat d'escrime contre moi-même. Parce que la poésie m'aide à sentir que je suis en vie. Parce qu'elle multiplie la vie. Parce qu'elle est ma chair telle que je l'aime ; sans peau protectrice.

Pourtant les sombres faits sont là :

"Les Arabes lisent un quart de page par an" ;

"Seulement un sur cinquante-trois livres vendus à l'échelle mondiale est un recueil de poésie" ;

"La poésie a surtout pour lectorat des personnes âgées".

Ces statistiques, et d'autres, aussi fatales, me résonnent dans la tête sans relâche. Mais après tout, à quoi bon les chiffres ?

On n'écrit pas de la poésie pour être branché. Ni pour être reconnu. Encore moins pour être célèbre.

On écrit de la poésie pour "être libre".

Ce qui restera pour moi la seule question, et la plus terrifiante.

"Peu importe les progrès accomplis, il reste un monde tabou pour les femmes. C'est en ce monde que se trouve sa liberté" (Zaha Hadid). De fait, mon premier poème, écrit à l'âge de douze ans, s'intitulait *Ma liberté**. D'aucuns y verront une coïncidence "objective". Je préfère y voir un signe du destin. Et nul n'ignore qu'entre les coïncidences et le destin s'ouvre un abîme de différences.

Quant à moi, j'ai découvert cet abîme en créant mon magazine, *JASAD*.

Mais ça aussi, c'est une autre histoire.

IV

FEMME ARABE
CRÉANT UN MAGAZINE SUR LE CORPS

Je n'ai jamais été moi-même
N'ai jamais eu de nom
Mais j'ai couru vers mon corps et l'ai nommé
Et du seuil de la perdition j'ai crié :
Sauve-moi, ô mon "je"...

MAYSOUN SAQR AL-QASIMI,
poète des Emirats
(1959-...).

Suis-je "folle" ?

Je me pose souvent cette question, avec toute la rationalité et l'autodérision dont je suis capable. Pour être très franche, la réponse est que c'est fort possible. Je n'en sais rien. Je ne suis même pas sûre que ce soit une si mauvaise chose d'être "folle", au sens d'excentrique, osée, originale. Ce que je sais, par contre, c'est que je suis obstinée, à un degré qui frise parfois l'absurdité. J'ai été entraînée à gérer la controverse, par mes écrits et mes idées. Et bien que je ne croie pas en la logique du "Je choque, donc j'existe", ni ne l'apprécie, bien que je ne recherche pas spécialement la provocation ni ses effets secondaires, je me sens toutefois capable d'y faire face, si nécessaire.

Et ça l'est devenu, de plus en plus, après la création de *JASAD*.

J'ai commencé à envisager de monter ma propre entreprise d'édition en 2006. En tant qu'écrivain et journaliste, il m'est vite apparu que j'aimerais monter une petite maison et commencer par la publication d'un magazine culturel. Mais pas n'importe lequel. Je voulais quelque chose de différent, de fort, dont nous avions besoin. L'axe du corps n'a pas mis longtemps à s'imposer, pour deux raisons principales : d'abord, le corps est l'univers au sein duquel mon langage poétique a choisi de s'exprimer. C'est à la fois ma passion et mon outil. Ensuite, je sentais une frustration croissante de ce que notre superbe langue arabe avait été injustement privée de tout un pan de ses potentiels, de son lexique et de son imaginaire. La plupart des thèmes relatifs au corps étaient devenus tabous au cours de l'histoire récente, alors que notre héritage littéraire antique regorge d'œuvres à faire rougir le plus obscène des auteurs occidentaux. Situation pour le moins parfaitement absurde.

Voilà pourquoi, aux premiers jours de 2007, a commencé la conception du magazine *JASAD*, depuis mon petit bureau à Jounieh *(ville côtière de la banlieue de Beyrouth)*, par des heures passées sans relâche devant mon ordinateur portable. "Tu dois être folle" est une phrase à laquelle je me suis vite habituée, à peu près la seule réaction chaque fois que je faisais part du projet à un ami proche ou un parent. "Ce n'est ni le lieu ni l'endroit", m'ont-ils tous dit, et à plusieurs reprises. Même l'avocat chargé de mettre en place le cadre juridique de mon entreprise et d'obtenir la licence de publication redoutait les conséquences. Mais je n'avais que ça en tête : "Ne sommes-nous pas censés inventer le moment opportun ? Quel serait notre mérite si nous nous contentions d'attendre qu'il vienne à nous ?"

Aussi n'ai-je pas été choquée, dès l'annonce du lancement de *JASAD* dans la presse arabe écrite et en ligne à l'automne 2008, par les réactions et les commentaires pour le moins inquiétants, envoyés par e-mail, publiés dans des articles de presse, ou issus, pour plusieurs d'entre eux, de personnes "bien intentionnées", adeptes de la diffusion de discours négatifs sous couvert d'affection et d'amitié.

Il convient à présent de vous présenter le large éventail d'appellations et d'épithètes qui ont été généreusement associées à mon nom à cause de *JASAD* : *immorale, dissolue, licencieuse, impie, débauchée, corrompue et corruptrice.*

Vous en voulez encore ? Eh bien, allons-y : *dépravée, décadente, criminelle, mauvaise, sans scrupules, sans honneur, déviante.*

Sans oublier les formules empoisonnées de menaces, du style *Tu mérites d'être lapidée à mort. Tu pourriras en enfer. Tu devrais avoir honte. Comment oses-tu ? Tu corromps nos enfants. Dieu te punira. Nous te crachons au visage. Nous prions qu'on te lance de l'acide en pleine face* (menace qui, je l'avoue, m'a valu de terrifiants cauchemars deux semaines d'affilée).

A l'époque de la chasse aux sorcières, j'aurais été étranglée, sans aucun doute, poignardée, pendue, brûlée vive et noyée tout à la fois.

Malgré la violence effrayante de certaines réactions, je suis pourtant restée parfaitement indemne, invulnérable à presque toutes ces attaques perfides.

Et ce pour trois raisons, les deux premières d'ordre personnel, la troisième "objective" et "circonstancielle".

La première raison de mon immunité est que je ne suis pas du genre à faire tapisserie. Vous pensez que je me vante, mais j'ai découvert que ma peau délicate, contrairement aux apparences, supporte les lynchages et les bleus. Je ne suis ni invincible, ni vaniteuse, mais de celles qui, nombreuses, apprécient d'emprunter les voies rudes, jamais arpentées, pour accéder à un horizon ouvert, dans la vie comme en littérature, même si ces choix ont un prix (et Dieu sait qu'ils ont été coûteux).

La deuxième raison est mon mépris de toujours pour l'unanimité. A mes yeux, c'est la mentalité du troupeau. Qui fait l'unanimité n'a ni couleur, ni saveur ni odeur. Faut-il une cour obséquieuse pour se sentir en sécurité ? Plaire à tous les autres pour se plaire à soi-même ? On ne peut éviter les ennemis (qui sont nécessaires, selon certains), alors ainsi soit-il. Ce qui ne veut pas dire qu'il faille adopter une attitude de défi virulente et gratuite. La différence pour la différence n'est que folklore stupide. Il ne s'agit pas non plus d'accueillir la haine et la jalousie sans raison. Mais nous nous devons de montrer nos diverses facettes, et non d'avoir l'air de femmes reproduites à partir d'un modèle unique. Des femmes ayant leurs propres opinions, pensées, positions, quel qu'en soit le prix (et Dieu sait qu'elles sont coûteuses).

Le troisième raison, "objective" celle-ci, de mon immunité, est sans hésitation le soutien dont j'ai bénéficié de la part de deux personnes clés, en poste au gouvernement quand j'ai lancé *JASAD*. Tarek Mitri, alors ministre de l'Information, et Ziad Baroud, ministre de l'Intérieur, intellectuels fort estimés, cultivés, humains et larges d'esprit, qui respectent et luttent pour la liberté de pensée et d'expression. Quelle heureuse coïncidence que le magazine naisse dans des conditions politiques si favorables, en ce pays où la médiocrité est le trait dominant de ceux qui nous gouvernent. A n'en pas douter, les deux ministres ont reçu d'innombrables plaintes et subi d'innombrables pressions, de la part d'institutions et de figures religieuses ou non, réclamant la suppression du magazine. Mais ils ont résisté. Et pour ça, pour leur adoption de la seule attitude décente que toute personne au pouvoir *devrait* adopter, j'ai envers eux une immense dette de respect et de gratitude. Ce n'est pas une décision facile quand elle implique de faire face quotidiennement aux radicaux chiites, aux radicaux sunnites et à l'Eglise, pour ne citer que quelques fragments de notre mosaïque religieuse. En bref, à tous deux, je dis : *Chapeau**.

"Ce que cache mon langage, mon corps le dit", écrit Roland Barthes dans *Fragments d'un discours amoureux*. Moi, j'ai dit dans ma langue ce que mon corps avait reçu l'ordre de cacher, tout en restant indifférente aux réactions hostiles suscitées par *JASAD*. D'ailleurs elles ne m'ont pas surprise : c'est exactement le genre de réactions auxquelles je pouvais m'attendre en publiant un magazine traitant des "littératures, des sciences et des arts du corps" dans le monde arabe. Pour tout aggraver, le magazine est publié en arabe. Et comme si ça ne suffisait pas, il a pour concepteur et rédacteur en chef une femme, qui a déjà un passé criminel de provocatrice ayant défié quelques principes et une norme ou deux. En d'autres termes, un cocktail Molotov prêt à exploser.

Permettez-moi ici de souligner que *JASAD* n'est pas un magazine pornographique, contrairement à l'étiquette que lui ont apposée beaucoup d'Arabes. Je ne suis pas le "Hugh Hefner" du monde arabe. Toutefois, ce n'est ni par puritanisme ni par sens des conventions que le magazine récuse ces calomnies. Car au Liban, comme dans tous les autres pays arabes, nous avons assez de pornographie politique, sociale, médiatique, artistique, culturelle, mentale, intellectuelle et morale pour ne pas craindre la moins nocive de ses variétés, la pornographie littérale et directe.

Mais le principal objectif du magazine n'est pas d'aider les hommes à éjaculer quand ils se masturbent, plutôt de mener une investigation fine et sage de la conscience du corps et de son inconscient. Et ce par la méditation, l'immersion, l'expérience, la révolte, l'éveil, le sommeil, le rêve, les visions, l'hallucination, l'écriture, la sculpture, le dessin, la danse, bref la création d'un corps culturel "explicite" pour nos corps arabes. Tout ceci bien sûr au sein de l'aventure de la liberté.

En résumé, je ne m'attendais pas à une miraculeuse explosion d'enthousiasme de la part du public à la naissance de *JASAD*. J'ai par ailleurs énormément apprécié le soutien et les encouragements apportés par de nombreux lecteurs. Je ne me vois pas comme une victime : j'ai reçu autant de louanges que j'ai essuyé d'insultes. Je n'ai pas le droit de me plaindre.

En outre, je ne saurais prétendre ne pas avoir vu venir les choses. Je savais pertinemment que l'opinion publique dans son ensemble n'accueillerait pas l'idée du magazine avec joie, ne la ferait pas sienne, ne lui donnerait pas sa bénédiction ni ne la saluerait. Comment m'attendre à ça de la part de notre culture, ou, devrais-je dire, de nos cultures arabes variées, différentes et contradictoires, qui ne se distinguent malheureusement en rien si ce n'est la perpétuation et la promotion de l'infériorité, l'hypocrisie, la dégradation… et la censure.

Ah ! la censure. Ce fameux ange noir, pathétique, planant sur le triangle arabe des Bermudes (le sexe, la religion, la politique). S'il ne se montrait si malfaisant parfois, il me ferait presque pitié.

Car quelle censure, en une ère où le bannissement d'un livre garantit l'étendue de son succès et son marketing, tant et si bien que la censure devient à elle-même son pire ennemi ?

Quelle censure, en une ère où il suffit d'appuyer sur un bouton pour obtenir toute l'information souhaitée, et plus qu'on en souhaite ?

La censure, supposée sournoise et souterraine, dans le monde arabe dépasse les bornes de la stupidité.

Censée être développée, la censure dans le monde arabe en reste à un stade d'une primitivité invraisemblable.

Les institutions culturelles arabes officielles prétendent que la censure protège les valeurs culturelles, mais cette protection ne concerne que l'étroitesse d'esprit de cultures fondées sur la tromperie. Ces institutions parlent de transparence et de modernité, mais sont enfouies sous d'épaisses couches de poussière : poussière de mensonges, de fausseté et de régression.

C'est un signe de la crise que traverse l'esprit arabe, à la fois officiel ou pas, institutionnel ou pas, que cette volonté réactionnaire d'imposer partout infantilisme et obscurantisme. C'est le pouvoir de la religion, de l'Etat, de la société, de la "tribu", de la famille, de la terreur et du tabou qui resserre son emprise sur leurs victimes.

L'esprit arabe est en crise. Et, par suite, veut que tous soient en crise. Il tient à s'assurer qu'aucune question ne soit posée pouvant ébranler le *statu quo.* Cet esprit ne sait que faire des questions, qui blessent en questionnant, et perturbent une vie qui se rassure sans cesse, dans le calme plat d'un marais.

Les Arabes se plaignent de l'incompréhension dont nous sommes victimes de la part de l'Autre, incompréhension qu'ils ne font toutefois qu'aggraver par leurs excuses et leurs prétextes, provoquant les généralités (parfois racistes) émises par l'Occident sur le compte de la culture et la civilisation arabes.

"A censurer le corps, on censure du même coup le souffle, la parole. [...] il faut que ton corps se fasse entendre" (Hélène Cixous). Comment nous, Arabes, pourrions-nous survivre dans ce monde plein de tentations répugnantes si les censeurs ne veillaient pas à notre salut ? Comment serions-nous les saints que nous sommes, les prophètes que nous sommes, sans leur regard protecteur à la Big Brother ? La plupart des habitants de nos heureux pays arabes semblent venir d'un autre monde, êtres immatériels qui se sont débrouillés pour naître et grandir sans corps, sans organes sexuels, sans besoins, ni instincts, ni fantasmes, ni vices, ni transgressions, et bien sûr sans pratiques malsaines, ni privées, ni publiques.

La plupart des habitants de nos heureux royaumes et républiques arabes s'appliquent avec zèle à défendre une cause ou une autre.

Examinons ensemble ces factions :

La faction qui défend le conservatisme est fervente (en apparence, mais atteint des sommets de malveillance) quant aux concepts de chasteté et de pureté. Ses adeptes mettent leur zèle à préserver l'hymen des yeux, du nez, des oreilles, de la gorge, du langage, de l'imagination et des rêves, et toutes sortes d'autres nécessités non nécessaires. Il semblerait que ces membranes fragiles et sensibles protègent à elles seules l'honneur de nos coutumes et de nos valeurs contre la boue, les affronts, les insultes ainsi que la menace de déchirure que présente toute forme obscène de "pénétration". Mais la plupart de ces conservateurs renversent ces valeurs et coutumes, les retournent, comme on repousse la poussière sous le tapis d'un coup de balai, pour se rassurer, jusqu'à finir par croire à cette illusion de fausse propreté.

La faction des pessimistes, elle, est connue sous le nom symbolique des *corbeaux*. Ces fanatiques se concentrent sur les initiatives visant à rafraîchir les eaux stagnantes du bourbier, se laissant aller à leur éternel besoin, semble-t-il, de faire le deuil de l'initiative avant même qu'elle voie le jour. Leur philosophie flasque s'exprime dans cette rengaine croassante : "Tout est vain, alors à quoi bon ?"

Vient ensuite la faction des saboteurs, avec leur pulsion biologique instinctive les poussant à mettre des bâtons dans les roues. Ils veillent à ce que tout ce qui surmonterait sa propre paralysie pour se lever et marcher, sans intervention d'un miracle de leur part, trébuche et retombe.

La dernière, mais non des moindres, est la faction haineuse dont les adeptes mettent le plus grand zèle qui soit à répandre le poison. Le prétexte allégué est un souci de *bien-être personnel*, de *bonne réputation*, parmi d'autres prétextes tout aussi crédibles.

Vous trouvez mes déclarations trop théoriques ? Que je sois donc plus explicite et directe. En bref, c'est ainsi que sont la plupart des Arabes :

Nous applaudissons les nus de Robert Mapplethorpe, de Man Ray et de Spencer Tunick, mais quand de l'art de teneur comparable, érotique ou audacieux, est exposé dans un magazine culturel arabe, nous lui apposons avec mépris l'épithète "pornographique".

Nous exaltons la grandeur de Henry Miller, Anaïs Nin ou Vladimir Nabokov, pour ne nommer qu'eux, qui ont osé dans leurs textes briser les tabous avec brio. La louange atteint de telles proportions qu'il est presque impossible de trouver une interview avec un auteur arabe qui n'en cite pas un, ou n'en fasse l'éloge, brandissant leurs noms comme une "influence littéraire cruciale". D'autre part, quand un magazine culturel arabe publie des poèmes, des récits et des textes d'auteurs arabes relevant de l'érotisme littéraire, nous appelons ça de la décadence.

Nous célébrons à grand renfort de cérémonies le génie de Picasso, Balthus, Courbet, de leurs prédécesseurs et héritiers, les classant au nombre des pères de la passion visuelle la plus intense. Mais semblables tableaux, peints par des artistes arabes, reproduits dans les pages d'un magazine culturel arabe, c'est de la corruption morale.

Nous disons "bravo" au réalisateur japonais Nagisa Oshima *(L'Empire des sens)*, à l'Italien Bernardo Bertolucci *(Le Dernier Tango à Paris)*, au Franco-Américano-Polonais Roman Polanski *(Lunes de fiel)*, et à d'autres réalisateurs étrangers qui continuent de violer les interdits avec grand courage et un talent remarquable. Or débattre de ce genre de films dans un magazine culturel arabe, c'est de la dépravation.

Et ainsi de suite. Il est tabou de parler d'excision ou de circoncision. La vie des gays ? Taboue. Les dangereux rituels d'automutilation ? Tabous. Les conséquences des complexes psychologiques sur la conscience du genre ?

Taboues. Les relations entre la dimension sociale du corps et l'œil ? Taboues. Les pratiques fétichistes ? Taboues. Notre expérience subjective de notre reflet dans le miroir ? Taboue. La question de l'identité sexuelle ? Taboue. Les perspectives sur le sexe qu'offre le roman contemporain ? Taboues. Les visions du désir ? Taboues. Le corps masculin, pris entre la dissimulation et l'absence ? Tabou. Les moments d'orgasme dans la pratique soufie ? Tabous.

Ne vous épuisez pas à essayer de trouver un sens à tout cela : tabous, tabous, il n'y a que des tabous.

La plupart des Arabes sont ainsi : *Nous crachons sur ce que nous désirons*, selon le célèbre proverbe libanais. Nous sommes obsédés par le sexe, en permanence, mais sans oser en parler *(ayb, haram*[1]*)*. On élimine une abomination d'une main pour s'adonner à la débauche intellectuelle de l'autre, ce qui est bien pire. Une nation arabe schizophrène unifiée, réunie en vaste majorité par une constitution d'ignorance, d'hypocrisie, de mensonges et de méchanceté, par une mentalité arriérée et l'art de se cacher derrière un écran chétif et ridicule.

Vous imaginerez donc sans peine qu'une (relativement) jeune femme arabe entreprenant de créer un magazine inédit, en arabe, sur le corps, voit sa route fort semblable aux montagnes russes d'un parc d'attractions. Je reçois ma dose quotidienne d'e-mails d'insultes. Ma part hebdomadaire de soucis et de défis. Ma portion mensuelle d'obstacles à surmonter.

1. "Honte" et "opprobre".

Il va sans dire que ces réactions m'ont mise en colère mais aussi offensée. Elles m'ont fait éprouver de la honte pour ce pays, cette culture, ou, pour être plus exacte et juste, ce qu'ils sont devenus, sous l'effet du sortilège mauvais jeté par l'extrémisme religieux et l'obscurantisme répressif des régimes politiques. Honte de me soumettre à cette humiliation, en tant qu'intellectuelle vivant en ces lieux sans espoir, en ces temps sans espoir, et d'accepter cette ration régulière d'atteintes à ma liberté d'expression. Honte de nos hypocrisies, de nos doubles critères, qui nous forcent, moi et beaucoup d'autres, à lutter *(supplier, ça, jamais !)* pour un simple droit censément reconnu à tout être humain : la liberté dans la dignité.

Des amis me disent : "Estime-toi bien heureuse que ton magazine ne soit pas déjà censuré ou banni. Tu devrais être reconnaissante." Reconnaissante ! Pour ce qui me revient de droit ? Je devrais adresser des remerciements que l'on m'ait accordé ce que je tiens pour acquis ? Qui peut prétendre décider de ce qu'il est permis de dire, de publier, de montrer ? D'où tiendraient-ils le droit de choisir à notre place ? Et tout ça au Liban, qui a des années-lumière d'avance sur les autres pays arabes !

"Tant qu'on n'a pas nommé la maladie, on ne peut la guérir" (Etel Adnan). Souvent je me demande si mon insistance à "nommer la maladie", avec beaucoup d'autres voix, et à rester ici, dans cette région hypocrite *(alors que la tentation de partir est intense parfois)*, est un défi ou une reddition.

Suis-je résistante ou complice ? Quelle différence si je n'étais pas une femme ? Et, surtout, quelles sont les véritables conséquences d'être une femme ?

Epineuse question. Et la réponse est une autre histoire, bien sûr.

V

FEMME ARABE REDÉFINISSANT SA FÉMINITÉ

Aucun changement dans l'éternelle hiérarchie du pouvoir, aucune action contre la diabolisation de la femme et son exclusion du travail, de l'éducation et des foyers de lutte ne sera possible tant qu'elle n'aura pas pénétré tous les champs possibles d'activité, portée par la volonté de son choix individuel.

KHALIDA SAID,
universitaire, critique
et intellectuelle syrienne
(1932-...).

Prenons d'emblée le taureau par les cornes :

Je suis incontestablement une femme "à poigne", mais sans désir de pénis.

Je gagne le salaire d'une femme ayant fait carrière, mais je déteste avoir à payer la note au restaurant quand un homme m'y a invitée.

Je suis une accro du travail, mais un massage et un soin du visage me procurent autant de satisfaction et de plaisir que le succès d'un projet.

Je suis une intellectuelle, mais je me soucie de mes rides et de mon poids presque autant que de ne pas avoir lu le dernier Kundera.

Je ne suis pas superficielle, mais les cheveux gras, la tenue peu soignée et les aisselles non épilées chez une femme font chez moi l'objet d'un même refus que les lèvres, les joues, les seins siliconés, ou toutes les autres parties du corps où s'injecte cette substance de nos jours.

Je ne suis pas superficielle, mais les ongles sales, l'haleine fétide et une chemise froissée chez un homme font chez moi l'objet d'un même rejet qu'un QI faible, l'absence de sens de l'humour et une pathétique tendance à frimer.

Je suis une femme de décision, mais perds mon "érection" devant un homme faible et sans courage de manière aussi instantanée *(et irrévocable)* que devant un Néanderthalien qui croit que les poils visibles sur son torse, les bolides rutilants et un comportement d'abruti sont des preuves indiscutables de sa masculinité.

Bref, je suis une "fanatique" de la féminité. Que veut dire féminité ? Ce n'est bien sûr pas une question simple. Pour dire les choses crûment, et visuellement, et si je devais choisir un exemple qui illustre ma vision de la féminité de la manière la plus simple et la plus efficace, je prendrais la devanture de la boutique Sonia Rykiel à Saint-Germain-des-Prés : d'une grande beauté, stylée, mêlant les toilettes de séduction à une sélection de livres et de nouveaux titres de romanciers, penseurs, poètes et philosophes.

Mode et culture. Nourriture pour le corps, nourritures pour l'esprit. Beauté externe, beauté interne, venant s'enrichir et se compléter l'une l'autre.

Personne n'est aussi choqué par cette association primaire des soins externes et des soins internes que nous les

Arabes. Pourquoi ? Parce que, d'après la plupart de nos intellectuels, qui prend soin de son apparence est forcément creux, qu'il soit homme ou femme. Tandis que ceux qui se soucient de la culture sont aussitôt censés négliger leur apparence. Ils ne devraient pas avoir le temps de s'occuper de questions aussi "triviales" que l'hygiène, le soin de la peau et l'élégance des vêtements, préoccupés qu'ils sont par les questions sérieuses, métaphysiques et existentielles de l'être. Quelle généralisation idiote !

L'idée des deux camps, les beaux d'un côté, les intelligents de l'autre, est un leurre. Et qui a la vie dure, malgré la quantité, aujourd'hui, de preuves vivantes du contraire. On devrait exiger qu'il y ait des livres même dans les magasins de vêtements. Exiger l'élégance même dans les librairies.

Il y a nécessité, d'un côté comme de l'autre. Besoin, d'un côté comme de l'autre. Appétit, d'un côté comme de l'autre. Et plaisir, d'un côté comme de l'autre. En particulier pour les femmes.

Y a-t-il rien de plus magnifique qu'une femme s'ingéniant à gagner ses batailles tout en restant femme ?

Personnellement, je pense que non.

De fait, le pire qui puisse arriver à une femme, engagée dans tous les combats qu'elle mène pour ses droits, pour gagner le respect qui lui est dû, et prouver sa capacité à entreprendre n'importe quelle tâche et à se faire une place dans la société, est d'oublier qu'elle est femme. Perdre la femme en elle. Celle qu'elle est et qu'elle seule peut être.

Pourquoi dire ça, et que veut dire être femme pour une femme ?

Je le dis parce que certaines Arabes (et non-Arabes), engagées dans leur lutte pour l'égalité, croient que cette bataille réclame qu'elles renoncent à leur féminité. Mais je n'ai pas besoin de ressembler à un homme pour être forte. Ni d'être contre les hommes pour défendre la cause des femmes. En outre, la déféminisation des femmes n'est-elle pas la reddition suprême au chantage mené par les hommes et à leur vision creuse de l'entité femelle comme un ensemble de cuisses, de seins, de fesses et de lèvres, entre autres ?

De nouveau, que veut dire être femme pour une femme ? Ce n'est pas évidemment la banalité de porter une jupe, du maquillage, ni d'avoir les cheveux longs. Ce n'est pas non plus transformer son corps en quartier de viande. De fait, malgré ma conviction que chacun est libre de faire ce qu'il/elle veut de son corps, je trouve le prototype féminin "quartier de viande" aussi humiliant et dégradant que le modèle voilé. Tous deux annulent l'authentique entité qu'est la femme, qui dépasse le traitement de son corps comme une marchandise en exposition, ou comme une tentation devant être effacée d'un coup de gomme noire.

Pour une femme, être une femme signifie être, et vouloir être elle-même, et rien d'autre. Surtout pas l'être voulu par un homme : père, mari, amant, frère ou fils.

Cela signifie développer cette identité personnelle, de toute la force de ses entrailles, de son inconscient, de son corps et de son esprit. Sans peur, sans panique, ni lassitude, ni tabou, ni honte, ni aucun autre obstacle interne ou social, visible ou non.

Cela signifie la développer sans se soucier d'obtenir l'approbation des hommes pour ses succès ni d'essuyer leurs critiques pour ses échecs.

Cela signifie prendre, au lieu d'attendre qu'on lui donne.

Car une femme est à elle-même son seul expert, et son seul guide. La seule référence en ce qui concerne son corps, son esprit et son essence. Les radicaux religieux qui veulent l'effacer n'ont pas voix au chapitre sur le sujet, pas plus que les radicaux du superficiel qui veulent la changer en marchandise exposée en vitrine.

En tant que femme, j'ai besoin de l'homme. Cela ne fait pas le moindre doute. Je suis amoureuse de ce besoin, je l'accepte, le nourris, et en tire ma fierté. En tant que femme, j'ai conscience que l'homme a besoin de moi aussi. Je suis amoureuse de ce besoin, je l'accepte, le nourris, et en tire ma fierté également. Mais il y a une différence énorme entre avoir besoin de l'autre et dépendre de lui, en devenir un simple appendice ou accessoire. La première attitude repose sur la confiance en soi et en la relation, la seconde sur le peu d'estime de soi. Dans mon humble vision du monde, les deux identités, masculine et féminine, vont ensemble, main dans la main, complices, égales, se soutenant, se motivant et se défiant l'une l'autre, tout en restant incroyablement DIFFÉRENTES. Si la femme doit parvenir à égaler quelque chose ou quelqu'un, alors c'est elle-même, son entité et son identité propres, et elles seules. Alors elle sera à la hauteur de son être féminin essentiel, un être en perpétuelle transformation, rénovation et recréation. C'est la condition principale de l'égalité, et le seul mode de la quête de soi, qui reste la plus importante des aventures.

Sans ce mouvement continuel, au-dessus, en dehors, c'est le vide. "La vie est un processus de devenir, combinaison d'états à traverser. L'échec, c'est d'avoir voulu élire un état pour y rester. Un genre de mort" (Anaïs Nin).

Dans ce contexte, je me rappelle très bien ma réaction devant une photo de Carmen Chacón, alors ministre espagnole de la Défense, passant ses troupes en revue au Sud-Liban au printemps 2008, alors qu'elle était enceinte de sept mois. J'ai rarement vu spectacle aussi beau et puissant : cette jeune femme séduisante, enceinte, passant "ses" troupes en revue, dans toute la splendeur de sa féminité. Cette scène expressive condense l'essence de ma foi en la force de la féminité. Le pouvoir de Lilith, la première femme, qui existait bien avant Eve, née de l'argile comme Adam. Lilith, la femme indépendante et libre d'esprit qui a refusé d'obéir à l'homme aveuglément et a quitté le paradis de sa propre initiative. Lilith la rebelle, dont Eve, née de la côte d'Adam, n'est qu'une pâle copie.

Evidemment, cette anecdote ne doit pas laisser supposer de ma part un soutien aveugle des femmes en politique. Bien au contraire.

Souvent des femmes me disent des choses du genre : "Vous devez avoir été enthousiasmée par la candidature de Ségolène Royal et de Hillary Clinton aux présidentielles, n'est-ce pas ?" Quand je prononce le mot "non", la femme qui me posait la question est prise de court, les yeux lui sortent presque des orbites : "Mais comment est-ce possible ? Comment pouvez-vous ne pas les soutenir ?"

Que je vous explique. La personne qui posait la question, ahurie d'incrédulité, ne se soucie pas forcément de la politique française ou américaine, ni de leurs ramifications au Liban. Elle est horrifiée par ma réponse pour la seule et unique raison du sexe de Ségolène Royal et de Hillary Clinton. A ses yeux, il suffit qu'un candidat soit une femme pour justifier que d'autres femmes lui apportent encouragements et soutien. Pour moi, traîtresse à mon sexe, avoir un vagin n'est pas un indice des compétences de la candidate, et je n'ai pas encore appris *(et n'apprendrai jamais)* les secrets de l'allégeance aveugle aux questions concernant la femme.

J'aurais aimé, bien sûr, que Ségolène Royal, à l'allure gracieuse et au discours humaniste, soit élue présidente. Et que Hillary Clinton, avec son intelligence vive et sa volonté de fer, parvienne à la tête du gouvernement américain. Ne serait-ce que pour prendre une revanche sur toutes les femmes entrées en politique aux dépens de leur féminité. Ou, à l'inverse, avec leur seule apparence en guise de compétence. Mais, à mon sens, les fonctions présidentielles requièrent une expérience plus solide et davantage de profondeur de vues que n'avaient ni Royal ni Clinton, pour des raisons n'ayant rien à voir avec leur sexe. Aurais-je dû les soutenir à titre symbolique, parce que chacune d'entre nous quitte la maison le matin portant un soutien-gorge ?

Non, mille fois non à une solidarité d'une superficialité si insultante. Les femmes méritent mieux. Bien mieux.

A propos de solidarité féminine, cette nouvelle "tragique" est significative : un service de taxis réservé aux femmes a été récemment instauré au Liban, pour les femmes souhaitant se tenir à l'écart des hommes ; bon nombre des membres du sexe prétendu "faible" sont extatiques, et ne tarissent pas d'acclamations et de cris d'enthousiasme. "Et en plus, ils sont roses, ces taxis. Et si mignons. Et c'est une femme qui les conduit. Comme c'est original !"

Mais, dites-moi, de quelle originalité parlent-elles, toutes ces dames ravies par ce gadget stupide ? Les taxis réservés aux femmes, avec leur écœurante couleur sucette, me font honte, en tant que Libanaise. En tant qu'Arabe. En tant que femme en général.

Depuis quand un taxi est-il le lieu de "liaisons dangereuses" ? Quand est-on revenu à la ségrégation sexuelle au Liban *(hier encore "la Suisse du Moyen-Orient" ; et "le plus occidental des pays arabes", selon les descriptions d'aujourd'hui)* ? On vient à peine d'obtenir la mixité dans les écoles, et de se débarrasser d'autres pratiques inhibitrices, pour les hommes comme pour les femmes, qui produisaient des individus noués de complexes, façonnés par la répression, l'ignorance et la peur de l'autre sexe !

Tout récemment, nous avons subi la génération Barbie *(qui n'est pas encore dépassée)* ; maintenant, il semblerait qu'on subisse la génération taxis réservés aux femmes. Ces deux exemples qui pourraient paraître sans rapport sont en fait fort semblables. Chacun, à sa manière, représente une attitude conditionnée qui m'irrite depuis ma jeunesse, cette façon de mettre hommes et femmes dans des catégories distinctes, et de les placer dans des environnements différents. A peine une fille est-elle née que les parents et l'entourage l'inondent de poupées de toutes formes et tailles. Une pour la journée, une pour s'endormir, une pour boire le thé, une pour préparer un mariage *(car que serait une petite Arabe sans le plan de mariage parfait ? Quel sens y aurait-il à sa vie sans pareille perspective ?)* et ainsi de suite.

A l'inverse, quand naît un garçon, on l'entoure de jouets ostensiblement "masculins" : voitures de toutes formes et tailles, soldats, tanks, sabres et fusils en plastique. Même de nos jours, peu de parents s'insurgent contre ce cliché et évitent le piège. Où qu'ils aillent, les filles portent du rose et les garçons du bleu. Elle est censée être douce, paisible et obéissante *(surtout obéissante)*, lui, chahuteur, terre à terre, et révolté.

Personnellement, je détestais les poupées. Pas une, ni Barbie, ni aucune de ses sœurs, n'a réussi à me séduire. Jamais je ne suis tombée, même avant d'être capable de prendre une décision en pleine conscience, dans le piège de l'archétype féminin, imposé par la société, dans le but de brider la personnalité, le comportement et la pensée.

Oui, je suis une femme. Bien sûr, une femme. Fièrement. Absolument. Totalement. Mais, par pitié, qu'on me débarrasse de ce rose et de tous les clichés qui vont avec ! Je me rappelle un jour m'être emportée contre mon oncle qui avait eu le culot de m'offrir une cuisine miniature, tout équipée (machine à laver et fer à repasser compris) pour mon anniversaire. Ce jour-là, je me suis sentie insultée, alors que je n'avais que huit ans. Non que je méprise la cuisine, le repassage, la lessive ou les tâches ménagères en général. Au contraire, j'éprouve un profond respect et de l'estime envers les femmes qui consacrent leur temps à prendre ainsi soin de leur famille *(ma mère est l'une de ces femmes, et je lui dois tant sur ce point).* En outre, je ne considère pas l'exemple de la femme ayant fait carrière comme le seul modèle de femme s'étant émancipée avec succès et efficacité. C'est de choix qu'il s'agit, choix qui fait toute la différence entre une femme libre et une femme soumise. Je suis pour qu'une femme cuisine si c'est son souhait et sa décision. Contre, si c'est ce qu'on attend d'elle et qu'on le lui impose pour la simple raison qu'elle est une femme.

Inconsciemment, ce jour-là, mon oncle voulait me faire correspondre au stéréotype féminin dicté par une société patriarcale. Celui d'une femme dont on attend seulement qu'elle fasse la cuisine, le ménage, la lessive et le repassage, attendant le retour de son mari, du monde du travail, de la guerre, de la politique, de la pensée, et de tous les autres enjeux du monde "extérieur".

Je n'ai nullement l'intention de rejeter toute la responsabilité sur les hommes. Nous les femmes sommes largement coupables aussi. Nous devrions tout simplement refuser d'attendre, une occasion, une chance, un événement, ou, évidemment, un homme. Il faut nous lever, avancer, tendre le bras vers ce que nous voulons et le prendre.

Ou du moins essayer.

"Je ne combats pas les hommes, mais le système sexiste" (Elfriede Jelinek). Je me rappelle, il y a quinze ans environ, de l'énorme succès remporté par *Les hommes viennent de Mars, les femmes viennent de Vénus*, de John Gray, dans les milieux populaires, non seulement dans son Amérique natale, mais de par le monde, y compris dans les pays arabes, où beaucoup l'ont acclamé comme le sacro-saint graal des relations hommes-femmes, et la solution absolue à tout problème d'union, maritale ou autre. J'avoue que, n'ayant que vingt ans et quelque à l'époque, j'ai pourtant lu ce prétendu guide pour "améliorer la communication entre les sexes" un sourire sarcastique aux lèvres, visant surtout les remèdes miracles proposés, d'une dangereuse simplicité, que n'égalait que l'absence d'originalité des clichés.

A l'époque, je crus que rien ne dépasserait cette description naïve des rapports entre sexes, pleine de préjugés, d'indigentes réponses toutes prêtes et de conseils idiots bien intentionnés. Mais quand je lus *Les hommes sont-ils nécessaires ?* de l'Américaine Maureen Dowd, journaliste au *New York Times*, je sus que j'avais perdu mon pari. Si le livre de Gray regorge de généralisations risibles prétendant lever le "malentendu historique" entre hommes et femmes *(théorie aussi simpliste que le "choc des civilisations" de Samuel Huntington, à part la différence de sujet)*, celui de Dowd renferme pour sa part des slogans et des exemples de propagande encore plus superficiels. Une fois que l'on s'est frayé un chemin dans le contenu fouillis et encombré, on conclut immanquablement que le but de l'auteur n'est pas de défendre la cause des femmes mais de détruire les hommes, par un texte relevant de la provocation délibérée et du lavage de cerveau.

“Les hommes sont-ils nécessaires ?” demande Maureen Dowd. “Bien sûr que non !” répond, extatique, une journaliste arabe, auteur d’un compte rendu sur le livre à sa sortie, étayant son affirmation par la nouvelle qu’un groupe de scientifiques américains venait de réussir à créer du sperme artificiel à partir d’un extrait de moelle osseuse féminine. Dorénavant, une femme peut donc engendrer sans “interférence” masculine.

Mon “astucieuse” collègue applaudissait l’invention dans son article, louait cette “revanche des femmes contre l’oppression dont elles sont toujours victimes”. Mais il a échappé à notre chère journaliste que le besoin qu’éprouve une femme pour un homme ne se limite pas au sperme fertilisant de ce dernier. Elle pas plus que les nombreuses Arabes qui s’empressent d’accuser les hommes de tous leurs problèmes ne veulent admettre que la dureté de l’oppression dont la femme est victime relève parfois de sa propre responsabilité, ou plutôt inertie, car elle se rend sans combattre et ne fait presque rien pour changer la sombre situation dans laquelle elle se trouve ; elle se contente plutôt de s’en plaindre.

Il ne s’agit pas de généraliser, bien sûr, ni de me montrer cruelle, insensible et injuste envers mon sexe. Je sais parfaitement les horreurs qui sont perpétrées chaque jour envers les femmes dans certaines zones radicales du monde arabe musulman. La plus horrible des pratiques à mon sens est ce qu'on ose appeler les "crimes d'honneur", une femme étant censée souiller de manière irrémédiable l'honneur de sa famille en ayant un rapport sexuel avant le mariage, en "se faisant violer", ou en fuyant pour se marier contre la volonté des siens. Les hommes "responsables" de cette femme deviennent des victimes, leur honneur ayant été bafoué, et donc sa mise à mort passe pour de la légitime défense. Parmi de nombreux autres exemples, Kifaya Husain, Jordanienne de seize ans, a été attachée à une chaise et fouettée, le 31 mai 1994, par son frère âgé de trente-deux ans, qui l'a ensuite égorgée. Son crime ? Elle s'était fait violer par son autre frère.

Et je ne dirai rien de l'excision des femmes, visant le pernicieux objectif de les priver de leur droit au plaisir. Rien non plus des mariages arrangés de fillettes à peine capables de jouer à la dînette. La liste d'horreurs et d'injustices est trop longue.

Je n'en suis pourtant pas moins irritée que l'unique réaction à leurs souffrances, de la part de bien des femmes arabes, soit la plainte, plutôt que la recherche de solutions, d'une fenêtre d'espoir, si petite fût-elle, quelque part dans leur quotidien. "Vouloir, c'est pouvoir" est bien plus qu'une jolie formule.

En outre, qui a décrété que l'homme était le pire ennemi de la femme ? J'ai rencontré des femmes qui haïssent leurs semblables, s'unissent contre elles pour les combattre avec plus de violence qu'aucun homme ne le ferait : des mères gardant le silence face au viol perpétré par les pères ; s'empressant de trouver un mari pour leur fillette de treize ans ; négligeant son éducation sous prétexte qu'elle est "destinée au mariage de toute façon, alors à quoi bon ?" ; inculquant à leurs fils une mentalité encore plus discriminatoire et méprisante envers les femmes que celle de leur père.

Je n'ai pas l'habitude d'avoir recours à de vastes déductions démographiques sur les hommes et les femmes ; c'est une pratique que je rejette comme un acte naïf et fort peu convaincant. Mais il est une différence, que peu reconnaissent, entre l'autocritique nécessaire et l'autodénigrement pathologique. Pourquoi une femme devrait-elle être soit l'ennemie prédestinée de l'homme soit l'alliée aveugle de la femme, et ce sans fondement ? Je me permettrai donc ici, loin des détractrices hystériques des hommes, comme de la troupe de femmes soumises, volontairement ou par apathie, de rappeler un certain nombre de droits fondamentaux souvent bafoués.

Le droit de la femme à une féminité forte, intelligente et indépendante, contre les slogans agressifs.

Le droit de la femme à avoir des relations non belliqueuses avec des hommes, sans passer pour soumise.

Le droit de la femme à être l'égale de l'homme sans être tentée par un discours de domination sur lui ni de similitude avec lui.

Le droit de la femme à continuer d'apprécier un bouquet de roses même si elle conduit un tracteur ou vidange un moteur.

Enfin, et par-dessus tout, le droit de la femme à ne pas suivre la masse aveuglément, à croire en ses choix, en ses petits combats, en l'importance de cultiver son propre jardin intime.

"Si nous voulons exister, il faut nous montrer fermes dans nos choix et nos désirs. Les mi-chemins conduisent droit à l'autodestruction" (Djamilah Bouhired). Revenons au point de départ : l'égalité des femmes et des hommes devrait être une assertion, parfaitement en dehors du cercle des exigences comme de la négociation. De fait, c'est souvent en réclamant l'égalité que la femme s'en trouve privée. Qui réclame se met en position de faiblesse. Elle émet une requête, tandis que l'autre accorde. Considérons plutôt cette égalité comme un principe de base, et conduisons-nous comme si elle allait de soi *(c'est le cas)* au lieu de laisser la décision aux hommes, selon leurs critères. J'ai bien conscience que ce n'est pas toujours possible, surtout en présence de cadres juridiques discriminatoires, mais cette possibilité existe dans plus d'un petit détail du quotidien. Et ces détails peuvent tout changer *(croyez-moi, je n'ai rien d'une utopiste)*. A long terme, ils peuvent même avoir une influence sur les lois et les constitutions.

L'attitude à adopter par la femme, dans le monde arabe en particulier, consiste à s'appliquer à concrétiser l'un après l'autre chacun des minuscules pas franchis dans son existence, sans rien attendre de personne, sans renvoyer l'image de ce que les autres croient qu'elle devrait être. Le véritable enjeu est de reconquérir l'identité qu'on lui a ravie et qu'on a défigurée. Reconquérir cette identité inconnue, dérobée, cet être dont la nature s'est vue compromise, déformée, sous l'effet de diverses formes de peur, de conditionnement et de frustration, est la plus dure des batailles que la femme doive mener. Et gagner.

Quant aux menus avantages accordés aux femmes avec une insultante facilité en guise de lot de consolation, d'anesthésie ou de pot-de-vin, ce sont des mines, masquant de dangereux compromis. Mieux vaut les refuser.

C'est tout ou rien. Nous devons gagner *(ou bien sûr perdre)* nos batailles nous-mêmes, sans conditions, altérations, ni compromis quant à notre féminité. C'est à mon sens la nouvelle Féminité arabe, et même universelle, qu'il nous faut aujourd'hui. Une féminité qui n'a pas peur de sa vérité. Pas peur de sa force, ni de sa fragilité. De son avidité, ni de sa faiblesse. De sa férocité, ni de sa douceur. Pas peur de ses pertes, de sa curiosité, de sa folie, de ses erreurs, de ses talents, de sa beauté. Pas peur de son langage. Pas peur de son pouvoir, de ses extrêmes, de ses expériences, de ses contradictions. Pas peur de sa jeunesse. Pas peur de sa maturité.

En un mot, une féminité qui n'a pas peur de sa Féminité.

Je ne me pose certainement pas en modèle. Ni en précurseur de quoi que ce soit. Je ne prétends pas non plus avoir les réponses. Pas du tout. Au contraire. Je ne suis faite que de mes échecs, mes erreurs, mes questions, mes doutes et mes rêves.

Et, à propos de doutes, le moment est venu de vous raconter une autre histoire. Celle de mon aventure avec un dragon omnipotent à plusieurs têtes.

Il est connu sous l'étrange nom de “Dieu”.

VI

FEMME ARABE
NE CRAIGNANT PAS DE PROVOQUER ALLAH

Je continuerai à revendiquer les droits des Saoudiennes tant que je n'aurai pas vu de Saoudien traîné au poste de police pour avoir osé conduire sa voiture, et que les femmes ne porteront pas de vêtements confortables, tandis qu'on force l'homme à porter un voile noir, des gants et une tenue tout noirs, pour le changer en une masse absente, et qu'on lui dit qu'il n'a que deux places en ce monde : la maison et la tombe.

WAJEHA AL-HUWAIDER,
écrivain et activiste humanitaire saoudienne
(1957-...).

“Si vous étiez musulmane, vous n'auriez jamais pu écrire ainsi.”

“Si vous étiez musulmane, vous n'auriez jamais lancé un magazine aussi audacieux que *JASAD*.”

“Si vous étiez musulmane, vous ne diriez jamais ce que vous dites, ne vivriez pas comme vous le faites, ne seriez pas qui vous êtes.”

A tous les esprits occidentaux sceptiques qui jugent à partir d'idées préconçues, et m'adressent semblables déclarations hâtives, je réponds : Il faut avoir fréquenté un établissement scolaire de bonnes sœurs pendant quatorze ans avant de se permettre ce genre d'affirmations (erronées). Il faut avoir eu des parents arabes chrétiens conservateurs, et vécu dans une mini-société arabe chrétienne conservatrice avant de se permettre d'exprimer de telles opinions (partiales). Il faut avoir fait l'expérience de la discrimination pratiquée par l'Eglise contre la femme, et vu de près les fondamentalistes chrétiens à l'œuvre, qui ne valent guère mieux que les fondamentalistes musulmans, et lu les mots de saint Paul concernant les femmes, avant de se permettre semblables déclarations (non pertinentes).

"Que la femme reçoive l'instruction dans le calme, en parfaite soumission. Je ne permets pas à une femme d'enseigner, ni de dominer son mari, mais qu'elle reste dans le calme. En effet Adam a été modelé le premier, et Eve ensuite. Et ce n'est pas Adam qui a été trompé par le serpent, c'est la femme qui s'est laissé tromper, et qui est tombée dans la transgression. Mais la femme sera sauvée en ayant des enfants, à condition de rester avec modestie dans la foi, la charité et la recherche de la sainteté" (Première épître de saint Paul à Timothée, II, 11-15).

Est-ce si différent d'être musulmane que d'être chrétienne dans le monde arabe d'aujourd'hui ?

Est-ce vraiment "plus facile" ?

Est-il exact (et juste) de supposer que la chrétienté est tout amour, pardon et souci de l'autre, alors que l'islam n'est que mal, bigoterie et mise à mort d'innocents ?

Pas si vous êtes d'une piété aveugle. Ou anti-laïque virulent. Pas si vous respectez à la lettre les règles dictées par votre religion, quelle qu'elle soit, et vous en remettez en tout à un jugement supposé "supérieur", accordant une foi naïve aux moindres propos des représentants de votre religion, et adaptant votre vie, vos visions et vos actions à l'infini cercle vicieux des lois et des recommandations (qui atteignent souvent des proportions absurdes) que d'autres ont conçues et élaborées à votre place, décidant qu'elles s'appliqueraient à vous, en vous garantissant une inconditionnelle "entrée en paradis".

"L'homme est-il simplement une erreur de Dieu ? Ou Dieu simplement une erreur de l'homme ?" (Friedrich Nietzsche). C'est l'idée que je me suis faite peu à peu. Sauf le respect dû aux gens qui croient aux contes de fées (et en ont besoin), que peut bien être le paradis si ce n'est une magnifique illusion inventée par une poignée de génies (qu'on appelle parfois prophètes, saints ou mystiques, selon le contexte socioculturel) dans le but d'exercer un contrôle sur les masses, auxquelles est promise en retour une récompense qui ne pourra jamais être accordée ? Ou, du moins, une récompense sans assurance de livraison ? Peut-on imaginer tour plus machiavélique, dans sa simplicité, joué à des millions et des millions d'esprits candides, avides de réconfort, au milieu des peurs, des doutes, des défis et des crises quotidiens ? Semblable remboursement non garanti de problèmes garantis, eux ? Voulez-vous vraiment miser votre vie, vos principes, votre conduite et vos choix sur cela ? Ne serait-il pas plus sain et gratifiant d'opter pour une éthique de vie et une morale plus "terrestres", fondées sur la décence, le respect et les valeurs humanistes universelles ? Plus sain et plus gratifiant de décider vous-mêmes quelles sont vos erreurs et de vous efforcer de les amender ?

En outre, si le paradis existait vraiment, qui voudrait y aller, franchement ?

Un lieu où tout est PARFAIT ?

Où un homme et une femme ont été punis pour avoir cueilli une pomme et fait l'amour ?

Allons !

Arrêtez le délire.

Revenons à notre sujet : les musulmans prêchent le fanatisme ?

Les chrétiens, le sentiment de culpabilité, ce qui ne vaut guère mieux.

Les musulmans croient au jihad ?

Les chrétiens, aux flammes de l'enfer, ce qui ne vaut guère mieux.

Les musulmans trouvent normal qu'un homme ait quatre épouses à la fois ?

Les chrétiens considèrent le sexe comme un péché, toléré seulement pour la procréation, ce qui ne vaut guère mieux.

Les musulmans ne séparent pas l'Etat de la religion ?

Les chrétiens séparent le corps de l'âme, ce qui ne vaut guère mieux.

Les musulmans condamnent les femmes qui montrent leurs cheveux ?

Les chrétiens, les femmes qui subissent un avortement, demandent le divorce, prennent la pilule, entre autres exemples, ce qui ne vaut guère mieux.

Je tiens à éviter le piège des généralisations, et suis convaincue que toute comparaison entre deux religions est à la fois obsolète et malsaine. Ces pages ne sont nullement une défense de l'islam, ni une mise en accusation du christianisme. Les deux religions excluent la liberté. J'ai vu le pire des deux côtés. J'ai des amis formidables et respectables des deux côtés, qui partagent mon avis, d'autres pas. Il ne s'agit donc pas pour moi de démontrer quelle religion est meilleure, plus tolérante, plus ouverte, moderne, stimulante et vivable. Il s'agit, pour moi du moins, de prendre conscience du caractère nocif de toute religion (nocif pour le bon sens, le mode de vie, la capacité à choisir, voire la santé), dès qu'elle quitte la sphère des nourritures spirituelles, qui est sa place propre (pour ceux qui les recherchent), pour pénétrer la sphère de la vie publique et privée, où elle ne peut que détruire tout espoir de liberté, d'équilibre et de jugement objectif.

Certains, toutefois, surtout de nos jours et surtout en Occident, suivent un raisonnement tout à fait autre, qui repose sur des faits et des suppositions évidentes en découlant. Leur raisonnement est le suivant :

Quand la chanteuse américaine Madonna, dans le clip fort controversé de sa chanson *Like a Prayer* (1989), embrasse la statue d'un Jésus noir, et fait une danse sensuelle devant des croix en flammes, elle s'attire une critique virulente de la part du Vatican et des catholiques, qui jugent ce clip "blasphématoire".

Mais quand le réalisateur hollandais Theo Van Gogh sort le film *Submission* (2004), qui se montre critique quant au traitement de la femme dans l'islam, et projette des versets du Coran en arabe sur des corps de femmes nues, il est assassiné par un musulman hollandais d'origine marocaine.

Que se sont attiré Dan Brown, Gilbert et George, Damien Hirst, avec les violentes provocations qu'ils ont adressées au christianisme ?

De sévères critiques.

Salman Rushdie, Taslima Nasreen, Ayaan Hirsi Ali, avec leurs violentes provocations adressées à l'islam ?

Des fatwas et des menaces de mort.

Je comprends la logique de ces comparaisons, mais suis loin d'être convaincue qu'elles constituent une preuve de plus grande tolérance du côté du christianisme que de l'islam. Ce n'est que poudre aux yeux. Car je reste persuadée que l'Eglise a trouvé des méthodes bien plus hypocrites et malignes de combattre ceux qui osent défier son autorité.

"La religion suffit à peine à nous faire haïr les uns les autres, mais pas à nous faire aimer les uns les autres" (Jonathan Swift). Face aux terribles problèmes, bien réels, que posent aujourd'hui le fanatisme et le terrorisme islamiques, ainsi que les complications sociopolitiques causées par la marée d'immigration musulmane, l'Occident devra peut-être admettre enfin que le moment est venu de donner pour avoir. Personnellement, je suis née et ai grandi dans un pays abritant presque toutes les confessions – sunnites, chiites, druzes, catholiques, orthodoxes, parmi d'autres : un pays dont dix-huit communautés religieuses se partagent *(dans une indifférence salutaire, du moins jusqu'en 1975)* le microscopique territoire géographique, politique et social. J'ai appris très jeune à ne pas faire étalage de mes convictions comme si c'étaient des vérités absolues et définitives. J'ai appris aussi qu'il nous faut choisir entre le rejet de symboles évidents *(dès lors éliminés)*, et le respect de symboles évidents *(qu'il faut alors accepter TOUS)* ; appris que la liberté d'exprimer n'est pas la liberté d'insulter, et que le "politiquement correct" et le "décemment correct" ne sont pas la même chose.

Pour avoir, il faut donner : alors finissons-en avec le voyeurisme/exhibitionnisme religieux, sous toutes leurs formes. Prier devrait être comme faire l'amour, une affaire privée. Tout le monde parle d'obscénité sexuelle, mais presque personne d'obscénité religieuse. On est envoyé en prison si l'on fait l'amour en public ; c'est une atteinte aux bonnes mœurs, paraît-il. Je rêve d'un monde laïque, non contaminé, où l'on réserverait le même sort à ceux qui font un carnaval de leurs convictions religieuses.

Néanmoins, il est vrai que les Arabes chrétiens, ou les "chrétiens d'Orient", comme ils sont communément désignés, ne font aujourd'hui, et c'est injuste, que rarement l'objet d'attention ou de reconnaissance ; l'expression "le monde arabe" étant devenue pour beaucoup, à l'intérieur comme à l'extérieur, synonyme du "monde musulman". Il est vrai aussi que les Arabes chrétiens ont joué un rôle important dans le développement de la région, sur le plan culturel, social et économique, dans l'histoire arabe antique *(à travers le brillant exemple de leur rôle de modernisation durant les périodes umayyade et abbasside)* autant que dans l'histoire récente *(je pense à la Nahda, à l'implication des journalistes arabes chrétiens au Caire à la fin du XIXe siècle, à la modernisation de la lange arabe accomplie par des auteurs et des penseurs chrétiens à Beyrouth dans les années 1930, 1940 et 1950, et à bien d'autres exemples encore).* Il est indéniable que les Arabes chrétiens ont toujours constitué un ingrédient clé, nécessaire et vital dans la mosaïque complexe mais riche du monde arabe, y apportant une précieuse et quelque peu différente approche de la vie. Mais il n'y a pas de quoi leur attribuer à eux seuls la gloire du salut et de la modernisation du monde arabe. Pas de quoi penser que toutes les Arabes émancipées dans les rues de Beyrouth sont forcément chrétiennes, et toutes les opprimées cloîtrées derrière les portes, musulmanes. Le voile, la burqa et leurs équivalents sont terribles, bien sûr. Je n'ai jamais caché mon point de vue sur la question. Mais le voile et la burqa comptent-ils vraiment plus que la discrimination de l'Eglise libanaise contre les femmes dans les cas de divorce, entre autres, dont j'ai vu plus d'un exemple ? Comptent-ils vraiment plus que le pouvoir absolu des membres du clergé (au même titre que les cheikhs "Al-Azhar" et que les ayatollahs chiites) quant aux décisions concernant la vie privée et civile ? Comptent-ils vraiment plus que les lois dominant la majorité des Etats arabes, qui considèrent le mari/père comme la référence absolue, et l'épouse/mère comme un accessoire ? Les Arabes chrétiennes sont-elles plus libres parce qu'elles peuvent s'habiller à leur guise *(en principe, mais pas toujours)* ? La Libanaise chrétienne est-elle plus émancipée seulement du fait de pouvoir sortir le soir ? Est-ce là la vraie libération, ou ne s'agit-il pas plutôt de garantir aux femmes leurs droits de mère, de fille, d'épouse, d'employée, d'être humain, ainsi qu'un système de protection légal et civil impartial et équitable ? La femme ne se laisse-t-elle pas distraire par quelques gratifications insignifiantes que les autorités, religieuses et/ou politiques *(quelle différence dans le monde arabe ?)* lui accordent pour la détourner du sens véritable de la liberté et de l'émancipation ?

Je le répète, y a-t-il une différence authentique, significative et définitive entre la situation de la femme arabe musulmane et celle de la femme arabe chrétienne ? J'ai peur que non. Pas en profondeur. L'injustice, les doubles critères et les préjugés sont visibles avec plus d'évidence chez la première, c'est tout. Or, l'évidence est presque toujours un piège.

"Je ne comprends pas. Je t'ai envoyée dans une école religieuse. Ta mère t'emmenait à la messe tous les dimanches. Tu faisais tes prières avant d'aller au lit. Tu as été baptisée, as fait ta première communion. Comment as-tu pu devenir ce que tu es ? A quel moment me suis-je trompé ?" C'est une question que mon père me pose souvent, avec une indignation sincère envers certains de mes actes ou de mes déclarations, malgré l'indubitable fierté qu'il éprouve de mes quelques accomplissements ; indignation que vient tempérer un ton badin, pardonnant à l'avance, qui dans les faits signifie : je respecte ce que tu es, mais parfois trouve dur de l'accepter. Et je ne peux m'empêcher de me sentir responsable de cet "échec" éducatif.

Je lui réponds : "C'est là où tu crois avoir réussi que tu t'es trompé. Je suis le produit de cette rigoureuse éducation religieuse que tu m'as donnée. Une éducation qui ne peut donner que deux types d'individus : les complexés et les transgressifs. La normalité n'y a aucune place."

Il nous faut remonter avant l'ère du bien et du mal. Avant l'ère des institutions religieuses, avant l'ère du "pense-comme-moi", du "on-a-raison-et-ils-ont-tort". Remontons plus loin même : avant l'ère du péché originel, avec toute la littérature et la logique déformées qu'il a entraînées.

Avant Adam et Eve. Avant les anges et les démons. Avant les justes et les pécheurs. Avant les commandements et les punitions. Avant la grâce et la damnation. Avant Dieu. Avant le diable.

Et là reprenons-nous, reprenons tout, depuis le début.

Alors comme ça je provoquerais ce bon vieil Allah ?

Il est en colère contre moi, et va me punir ?

Suis-je vouée à la damnation éternelle, et à me voir refusés les ultimes plaisirs des cieux ?

Eh bien soit. Je suis prête à courir le risque. Je ne veux pas d'un Allah, s'il existe, que je ne peux ni défier ni provoquer, à la façon dont le concept de son existence me défie et me provoque.

Surtout, je ne veux pas passer mon présent à penser à l'après. Pour moi, pas d'hésitation. Il n'y a que ça, ces quarante ou cinquante, peut-être quatre-vingt-dix ans sur cette terre, avec leurs petites joies et leurs déceptions.

Quant aux erreurs que j'ai commises, la seule punition que je reconnaisse est ma conscience de les avoir commises, et l'obligation de vivre avec. Il n'y a, et ne devrait y avoir, d'autre pénalité.

Et la seule récompense que je veux pour mes bonnes actions, quand il m'arrive d'en faire, est de savoir que je les ai accomplies sans rien attendre en retour : ni bravo, ni tape dans le dos, ni saint Pierre me tendant la clé du royaume béni. Je suis convaincue qu'il n'est plus douce récompense.

Dieu, répliquez-vous ? Je veux tenter de faire face à ce dragon. En tant qu'écrivain. En tant que femme. En tant qu'être humain. Avec les outils de l'écrivain ; ceux de la femme ; ceux de l'être humain.

Quant à ceux qui me disent qu'en tant que femme arabe je devrais "obéir" aux mâles, me couvrir la tête, aller me confesser et demander le rachat chaque fois que je fais l'amour avec un homme qui n'est pas mon mari et de qui je ne veux pas d'enfant, en un mot qui m'assènent l'infinie litanie de ces mantras ineptes, je les laisse à leurs convictions ridicules. C'est leur seule consolation, après tout.

Et leur pire punition.

“Quand la religion proposera un homologue féminin à Dieu, j’aurai plus de respect pour elle” (Hoda Chaarawi). Quelle est la responsabilité de la femme arabe dans ce débat ? Quelle est sa responsabilité envers la religion, les interférences qu’elle entraîne dans sa vie et la privation de son libre arbitre ? De mon point de vue, c’est de refuser le lavage de cerveau que voudraient lui imposer une poignée d’hommes cherchant à l’empêcher d’évoluer. De se rendre compte qu’il est étrange que toutes ces religions soient représentées exclusivement par des dieux et des figures mâles (papes, cheikhs, ayatollahs, prêtres, prophètes, et autres). De croire au pouvoir d’une société civile laïque, et de contribuer à sa promotion.

En d’autres termes, sa responsabilité est de penser par elle-même.

Car il est grand temps (et depuis un moment) que nous, les femmes du monde arabe, lancions un défi aux schémas établis de la religion. Et de la politique. Et de la sexualité. Et de l’écriture. Et de la vie. La confrontation de ce défi est ce qui fait la différence entre une Arabe typique ou atypique. Entre une femme assez soumise pour accepter son “sort” et les limites qu’on lui impose, et une femme assez forte pour dire non et le vivre, même si cela implique parfois de perdre.

Mais le “non” c’est une autre histoire encore.

Et ce sera ma dernière. *(Pour le moment.)*

VII

FEMME ARABE
QUI DIT NON ET LE VIT

Je ne cesserai jamais d'être libre.
Je chanterai les désirs de mon esprit,
Jusque dans les chaînes, face contre terre.
Mon chant jaillira des profondeurs.

FADWA TOUQAN,
poète palestinienne
(1917-2003).

"Bienvenue à l'aéroport international Rafic-Hariri de Beyrouth", répète inlassablement la voix monotone de l'hôtesse. Un aéroport moderne, impeccable, bien organisé et fonctionnel. Ce lieu spacieux, froid et impersonnel, s'est mis de plus en plus à ressembler à mon "chez-moi", surtout ces deux dernières années, depuis que je voyage beaucoup. J'y ai déjà mes endroits secrets, mon siège favori dans l'une ou l'autre des cafétérias *(où le café, soit dit en passant, coûte sept dollars : coup de massue scandaleux)*, mon accès Internet idéal, ma librairie préférée, mon escalator porte-chance. J'y ai mes rituels superstitieux *(porter des sous-vêtements rouges en voyage, toujours entrer dans l'aéroport par la porte n° 2, pied droit d'abord)*, ma routine *(enregistrer les bagages, avec force sourires pour que l'employé ignore le surpoids, acheter des cigares, éviter à tout prix le rayon des parfums, se procurer le magazine* Science et vie, *puis s'asseoir au self)*, et mes habitudes culinaires *(cappuccino – sans sucre, muffin – sans pépites de chocolat, de l'eau – sans bulles)*. Beaucoup d'employés commencent même à me reconnaître. Quand un nombre croissant de vendeurs du *duty-free* se mettent à vous appeler par votre nom, il faut vous faire du souci pour votre mode de vie. L'un des officiers de la douane me demande chaque fois qu'il contrôle mon passeport, sans exception : "Vous n'en avez jamais assez, de voyager tout le temps ?"

Est-ce que je n'en ai jamais assez, de voyager tout le temps ? Ma foi, si, monsieur l'officier des douanes. Bien sûr que si. Souvent je suis fatiguée, épuisée, lasse, et me sens déchirée. Souvent j'ai un sentiment d'aliénation, et ne sais plus où je suis, surtout quand je me réveille dans une chambre d'hôtel sans âme, et qu'il me faut quelques secondes pour me rappeler où je suis ; ou quand je me vois chaque matin dans un autre miroir et me reconnais à peine ; quand mes deux enfants me manquent, et que je maudis le téléphone, qui n'est jamais assez, ne remplace jamais la présence. Sans oublier l'incontournable procédure paramilitaire AVANT et APRÈS : faire sa valise, fermer sa valise, porter sa valise, enregistrer sa valise, récupérer sa valise *(si vous avez de la chance et ne voyagez PAS sur Alitalia)*, ouvrir sa valise, défaire sa valise… A répéter inlassablement, comme un morne mantra. Comme un exil en plusieurs épisodes ; ou plutôt : comme un exercice d'exil qu'il faut répéter pour le maîtriser.

Et puis bien sûr, il y a la solitude propre à l'âme vagabonde en quête perpétuelle du vaste inconnu. Non pas la solitude dans son sens antisocial ; au contraire, je suis plutôt sociable, j'adore la compagnie quand elle est intéressante, testée cliniquement, prise à petites doses et non imposée. La solitude dont je parle est une condition interne, "psychologique" et intellectuelle, qui permet de s'écouter, et ainsi de se rendre compte de sa vulnérabilité ; de mieux comprendre son cerveau et le monde, et donc de nourrir moins d'illusions à leur sujet ; de se sentir léger, ouvert à toutes possibilités, et par conséquent prêt à aisément sacrifier ce qu'on a pu construire sur la terre ferme ; de "voir" vraiment les choses autour de soi, loin de toute interruption, influence ou distraction, et ainsi d'être "vraiment" déçu.

La déception, oui. L'épuisement, souvent. L'ennui gagnant aussi, parfois. L'absence de références. Et le tourbillon créé par cette quantité de cieux différents, de visages, de rythmes, de bruits, de mots, d'attitudes, et d'oreillers. Alors pourquoi tant voyager, avec tous ces désagréments ? Pourquoi subir tout ça ?

La réponse est simple. Le voyage, c'est la vie. Donc il vaut la peine de "subir tout ça". Voir le monde, rencontrer des gens, découvrir des cultures vaut tous ces efforts, ce désordre, les risques, la perplexité, le chaos, le dégrisement qui accompagnent le territoire exploré. C'est l'un des propos premiers de l'existence. Observer de nouvelles choses. Lire de nouvelles choses. Découvrir de nouvelles choses. Les communiquer. Les éprouver. Apprendre de nouvelles choses. Aimer de nouvelles choses (et de nouvelles personnes, bien sûr).

Si ce n'est pas ça, la vie, alors quoi d'autre ?

Mais vivre, c'est aussi être fier de ce qu'on est.

Quand j'étais petite, je disais à qui voulait l'entendre que j'aurais préféré être un garçon. Je n'ai découvert l'étendue de ma bêtise qu'à travers l'expérience époustouflante d'être qui je SUIS ; le prodige de ma main ; du sang jeune et vieux, qui coule dans les veines de ma main ; le prodige de mes plaies, béantes comme des yeux écarquillés ; le prodige des rives que je dois gagner ; des défis dont moi seule possède la clé ; des cercles que je dois briser et recréer à ma façon ; des identités et des vérités impossibles qu'il me faudrait nommer ; des multiples images qu'il faudrait adopter puis rejeter ; de l'homme qu'il me faudrait découvrir et aimer, accueillir, illuminer, libérer, mais pas remplacer ; le prodige de la vie, de toutes les vies qu'il me faudrait vivre malgré la vie…

En un mot, le prodige d'être une femme. Une vraie. Et fière de l'être.

"La femme n'est victime d'aucune mystérieuse fatalité : il ne faut pas conclure que ses ovaires la condamnent à vivre éternellement à genoux" (Simone de Beauvoir). Il est temps que la femme VIVE au lieu de subir la vie, et se libère de son image de victime. Elle n'est pas une victime, et devrait cesser de se voir et de se penser comme telle.

Elle doit s'accepter et s'aimer. Qui a dit que c'était si mal d'être narcissique ? Pas si cela vous permet d'embrasser votre vérité et de la célébrer. Pas si cela ne fait pas de vous un être insensible, cruel et égocentrique.

La femme doit aussi affranchir l'homme de sa peur de la femme forte, qu'il doit apprendre à considérer comme une puissante alliée, utile, nécessaire, plutôt que comme une menace castratrice planant autour de ses parties génitales. Il y a du travail, pour lui comme pour elle. Inutile, donc, de perdre ses forces à intimider l'homme, si tentant que cela soit.

Vivre, c'est accepter qui on est. Mais c'est aussi accepter le changement. C'est pourquoi j'ai toujours essayé de formuler mes points de vue tout en m'autorisant le doute, et une marge de variation. C'est un droit humain que de changer. Ce qui n'est pas synonyme d'un manque de cohérence, comme certains esprits rigides le croient. Au contraire. Il s'agit de laisser l'univers nous parcourir et ses vagues onduler dans l'esprit et l'âme. Je refuse d'être exactement la même dans dix ans, ni dans cinq, ni dans un an d'ailleurs. Les gens rigides, inflexibles, ne se lassent-ils pas d'eux-mêmes ? N'en ont-ils pas assez de répéter les mêmes mots, les mêmes idées et les mêmes concepts ? Je ne dis pas qu'il faille être instable et lunatique. Evidemment, je ne me fais pas l'apologue de la frivolité et du manque de fiabilité. Je veux simplement dire qu'il faut se détendre et ne pas trop se prendre au sérieux. Rester ouvert aux possibles. Se laisser emporter par de nouveaux enthousiasmes. Devenir "blasé" est le pire qui puisse arriver à un être humain. *"Déjà vu, déjà fait."* Quelle tristesse… l'anti-vie par excellence.

Vivre enfin, c'est aussi savoir perdre. Pour moi, en tout cas, qui ne suis pas Wonder Woman, loin de là. J'ai eu ma part de défaites et d'échecs.

Plus d'une fois dans ma vie, j'ai été lâche, et j'ai perdu la bataille.

Plus d'une fois j'ai fait preuve de stupidité et d'étroitesse d'esprit, et j'ai perdu le débat.

Plus d'une fois je me suis montrée hyper-compétitive, et j'ai perdu le plaisir de la compétition.

Plus d'une fois je me suis montrée arrogante, et j'ai perdu le privilège de l'humilité.

Plus d'une fois j'ai fait preuve d'un autoritarisme gratuit, et j'ai perdu le privilège d'être juste.

Plus d'une fois j'ai été indécise, et ai perdu confiance en moi.

Plus d'une fois je ne me suis pas concentrée, et j'ai manqué la cible.

Plus d'une fois j'ai agi seulement pour prouver que je le pouvais, et perdu le sens de l'accomplissement.

Plus d'une fois j'ai cru pouvoir facilement être plus maligne que mes adversaires, et c'est eux qui ont eu le dessus.

Plus d'une fois j'ai douté de mes amis, et ai perdu de vrais amis.

Plus d'une fois j'ai fait confiance à des gens indignes, et me suis fait poignarder dans le dos.

Plus d'une fois je me suis crue invulnérable, et me suis fait gravement blesser.

Plus d'une fois j'ai provoqué inutilement, et essuyé un camouflet magistral.

Plus d'une fois j'ai dit non, en voulant dire oui, et ai perdu un oui qui aurait changé ma vie.

Plus d'une fois j'ai dit oui, en voulant dire non, et perdu un non nécessaire.

Plus d'une fois j'ai préféré la maîtrise de moi-même à l'abandon, et perdu l'amour.

Plus d'une fois j'ai préféré l'illusion de la victoire à la reconnaissance de ma faiblesse, et ai perdu ma vérité.

Plus d'une fois j'ai préféré la surface à la profondeur, et perdu le savoir.

Plus d'une fois j'ai préféré l'égoïsme à la générosité, et perdu ce que je n'ai pas donné.

Plus d'une fois j'ai ardemment désiré le vain, le futile ou le bête, le juvénile ou l'inaccessible.

Le vain que j'ai désiré et obtenu ne m'a apporté que le sentiment du ridicule.

L'inaccessible que j'ai désiré sans jamais l'obtenir m'a fait perdre mon temps et apporté un sentiment de frustration.

… Et j'ai appris, et gagné beaucoup à chacune de ces pertes. De ces blessures. A chacune de ces larmes. Et de ces chutes.

Il reste tant de choses dont j'aurais voulu parler dans ce livre : l'amour, la solitude, le mariage, le divorce, le vieillissement, les relations, le besoin d'espace, d'intimité, l'instant goûté, les expériences nouvelles, les moments de ravissement, de désespoir total…

Et puis aussi le syndrome persistant du harem, le mythe de la virginité, l'art des tâches multiples, l'importance de l'éducation, la signification d'une carrière, la valeur de l'indépendance financière…

Sans oublier les langues, les ambitions ; le temps passé à faire l'éducation de mes enfants, qui font la mienne ; à briser moules et modèles, et transcender les formules toutes faites…

Mais je ne suis pas encore prête à aborder ces sujets. Ils devront donc attendre.

Vous aussi, j'espère.

Entre-temps, voici un dernier regard jeté sur ma réalité ; NOTRE réalité de femmes arabes : "Paradoxalement, plus l'Occident reconnaît les gains apportés par le féminisme moderne, et intensifie son indignation face aux «humiliations» subies par les femmes arabes, moins les femmes ouvrent la bouche dans le monde arabe. Aujourd'hui, tandis que les rues du Caire et de Beyrouth de nouveau s'emplissent de femmes toutes drapées de noir, cherchant la respectabilité du voile pour leur existence corporelle, et que les fondamentalistes mènent une campagne triomphante visant à figer leur identité dans un moule d'austérité religieuse, beaucoup de féministes et de socialistes arabes ne se défendent que très timidement contre cette tendance croissante" (Mai Ghossoub).

Ces mots n'ont jamais été plus vrais ni précis.

"Des funambules" : aucun nom ne décrit mieux les femmes arabes en ce moment de l'histoire. Funambules suspendues dans les airs, entre ciel et terre, sur une corde tendue entre misère et délivrance. Sans le moindre filet de sécurité en dessous.

Et pourtant, me voici ; nous voici. Des femmes arabes qui "ouvrent la bouche".

Qui "se défendent contre cette tendance croissante".

Qui ne s'installent pas dans un pseudo-confort, ni n'épargnent les autres.

Des femmes arabes qui disent NON.

Des femmes arabes qui, en un mot, tentent de franchir le gouffre.

Parviendrons-nous jamais de l'autre côté ?

Je vous préviendrai si cela arrive.

Je vous le promets.

POUR RECOMMENCER…

SUIS-JE VRAIMENT UNE "FEMME ARABE" ?

Cher Occidental,
et, surtout, cher Arabe,

Derrière le leurre du déni et de l'aveuglement, des clichés et des anti-clichés, du commun et de l'exception, de la réalité et du masque *(tous deux d'ailleurs aussi faux que trompeurs)*, le moment est venu de poser la question suivante : existe-t-il vraiment une entité nommée "la femme arabe" ?

S'applique-t-elle à tous les individus de sexe féminin de notre région ?

Que ça me plaise ou non, que j'approuve l'étiquette ou non, je suis une femme, une femme arabe, et une femme arabe écrivain. Je symbolise donc la parfaite attraction de zoo, à l'ère post-11 Septembre. Mais cela fait-il de moi la représentante d'une "espèce" ? Croyez-moi, je me représente à peine moi-même.

Je ne suis pas adepte des sermons. Et je ne suis nullement compétente pour faire la leçon, ni n'en suis désireuse. Ne prenez donc pas mes mots comme une harangue quand je vous dis : Nous, femmes arabes, sommes si nombreuses. Ne nous laissons pas, n'acceptons pas, d'être prises par poignées. "Particulariser est l'unique distinction du mérite" (William Blake). De fait, les ongles ne nous ont pas été donnés sans raison, mais pour nous permettre de différencier, de creuser plus profond, d'arracher la peau des généralités et du sensationnalisme, pour atteindre ce qui gît au-delà de la surface étincelante… Car il existe une grande variété de modèles et de textures de "voiles". Il y a le voile du déni ; de l'aveuglement ; du compromis ; de l'étiquette exotique ; du message politique partisan ; de la vision déformée et de l'extrapolation ; le voile de l'appréhension et de la peur ; de l'étroitesse d'esprit dans le jugement ; et, le plus dangereux de tous, le voile des faux symboles, fabriqués par les médias…

Permettez-moi de le répéter : toutes les femmes arabes ne courbent pas l'échine. Il suffit, pour en avoir des preuves flagrantes, de lire les essais d'intellectuelles telles que May Ziadé, Hoda Chaarawi, Etel Adnan, Mai Ghossoub, Fatima Mernissi, Laure Moghaizel et Khalida Said (dont la lecture est aussi utile aux Arabes qu'aux Occidentaux). Ou de découvrir les romans d'Ahdaf Soueif, Alawiya Sobh, Hoda Barakat, Hanan el-Cheikh et Sahar Khalifeh. De contempler les œuvres de Zaha Hadid, Mona Hatoum, Helen Khal et Ghada Amer. De comprendre les poèmes de Joyce Mansour, Saniya Saleh, Nazek al-Mala'ika, Nadia Tuéni et Fadwa Touqan. D'aller voir les pièces de Jalila Bakkar, Raja ben Ammar, Lina Khoury, Darina el-Joundi et Nidal al-Ashkar.

D'apprécier les films de Jocelyne Saab, Randa Shahhal, Danielle Arbid, Layla al-Marrakshi, et de beaucoup d'autres encore…

Ce témoignage se veut aussi hommage modeste rendu aux remarquables écrivains, artistes et érudites citées ci-dessus, ainsi qu'à chacune des femmes arabes qui, célèbre ou anonyme, au défi des innombrables obstacles et menaces, parvient à faire la différence. Dans sa vie et, donc, dans la nôtre.

Le malentendu, entre Orient et Occident, est mutuel. Je sais que les Arabes généralisent sur le compte des Occidentaux, peut-être plus (peut-être pis) que l'inverse *(un exemple abominable en est l'image de l'Occidentale "dépravée", "facile" et décadente, représentation malheureusement assez banale dans la perception arabe).* Mais voulons-nous vraiment mieux nous connaître ? Alors il faut commencer à croire qu'il n'y a ni "vous" ni "nous". Ni échantillons humains, ni stéréotypes. Et que chaque personne et chaque chemin est unique. Cherchons le noyau : le tout est compris dans le cœur, qui n'est pas statique. Sa splendeur est de rester toujours insaisissable, car toujours en transformation.

Vous pensez me connaître à présent, après une lecture patiente de ce livre ? Vous pensez pouvoir me ranger dans une catégorie spécifique, après avoir parcouru ce témoignage ?

Eh bien détrompez-vous, car, pendant que vous lisiez, j'ai changé de façon radicale.

Et vous aussi.

"[...] Rien n'est ce qu'il paraît", a écrit Franz Kafka.

Il est grand temps que nous tous, Arabes et non-Arabes, en Orient et en Occident, commencions à le croire.

POST-PARTUM

J'AI TUÉ SCHÉHÉRAZADE

Je n'ai jamais été tellement fan de Schéhérazade.

Pourtant je sais que, en tant que femme arabe, je suis censée être pleine d'admiration, ou du moins soutenir sa cause. Il n'en est rien.

On pourrait croire, à première vue, que je suis jalouse. Schéhérazade par-ci, Schéhérazade par-là : elle surgit de sa boîte de Pandore à chaque mention d'une femme arabe écrivain où que ce soit dans le monde. Mais je ne suis pas jalouse. C'est impossible. Et je vais vous expliquer pourquoi.

Dans notre culture, voyez-vous, Schéhérazade est constamment célébrée comme une femme à qui sa culture, sa ressource, son imagination et son intelligence ont permis d'échapper à la mort en trompant "l'homme" par ses histoires sans fin. Mais ce schéma de la tromperie de l'homme ne m'a jamais vraiment plu. D'une part, il me semble porteur d'un message erroné : "Usez de persuasion, donnez aux hommes ce dont ils ont besoin et ils vous épargneront." Corrigez-moi si je me trompe, mais, même pour une non-féministe comme moi, il me semble évident que cette méthode place l'homme dans la position omnipotente de celui qui accorde, et la femme dans la position inférieure du demandeur. Ce schéma n'apprend pas aux femmes la résistance ni la rébellion pourtant sous-entendues dans les analyses du personnage de Schéhérazade et les débats à son sujet. Il enseigne plutôt la concession et la négociation alors qu'il est question des DROITS fondamentaux. Le droit de vivre. De choisir. D'être libre. D'être soi-même. Le droit à tout. Ainsi on persuade les femmes que, pour réussir dans la vie, il faut satisfaire l'homme : par un récit, un bon repas, une paire de seins siliconés, ou une bonne partie de jambes en l'air.

C'est ça, l'inventivité ?

C'est ça, la résistance ?

Vous allez dire que j'ai la vue courte, mais je ne le crois pas.

Je n'ai jamais été tellement fan de Schéhérazade, qui, pour aggraver les choses, fait l'objet d'une adoration écœurante de la part des adeptes de l'exotisme orientaliste, même si j'ai adoré mes lectures répétées des *Mille et Une Nuits.* Je suis convaincue que ce personnage est un complot contre les femmes arabes en particulier, et les femmes en général. A l'évidence, la pauvre a fait ce qu'elle avait à faire. Je ne la juge pas sur ce point. De fait, j'aurais peut-être bien agi de même, en position si délicate. Mais j'en ai assez qu'on en fasse une héroïne *(surtout en Occident, mais dans le monde arabe aussi)*, le "symbole de l'opposition culturelle arabe" et de la lutte contre l'injustice et la cruauté des hommes et leurs attitudes de discrimination. Ce n'est qu'une bonne fille, douée d'une imagination débordante et de talents de négociation. Il s'agit de remettre les choses à leur place.

Aussi l'ai-je tuée.

J'ai tué Schéhérazade. Je l'ai étranglée de mes propres mains. Quelqu'un devait finir par le faire. Les contre-analyses et les défis intellectuels adressés à son personnage n'y suffisaient pas.

A dire vrai, ça n'a pas été un meurtre si difficile. Car au lieu de résister, à grands coups de pied, d'ongles et de dents, comme tout personnage de fiction sensé et courageux qui se trouve attaqué, cette imbécile m'a proposé de me raconter une histoire en échange de sa vie. Non mais vous y croyez ? Le comble du schéma obsessionnel. Bien sûr, elle a porté un coup fatal à ses chances ; c'en était trop pour moi. J'ai donc continué à serrer son cou fragile, jusqu'à ce qu'elle lâche, dans un souffle, son dernier récit. Enfin je veux dire son dernier soupir.

J'ai tué Schéhérazade. Mais je ne peux m'en attribuer le mérite à moi seule. De nombreux complices m'ont aidée à monter le coup, m'encourageant puis joignant leurs mains aux miennes, avec hostilité ou encouragement, et je dois leur exprimer ma gratitude :

J'ai tué Schéhérazade, avec les mains de tous les hommes qui ont essayé, sous différents masques et de différentes façons, de me trancher la gorge.

J'ai tué Schéhérazade, avec les mains de toutes les femmes qui ont essayé, sous différents masques et de différentes façons, de me faire croire que ce n'est pas un problème de me faire trancher la gorge par un homme.

J'ai tué Schéhérazade, avec les mains de tous les hommes et femmes qui ont voulu que je renonce à une partie de moi-même pour ne pas me faire trancher la gorge.

J'ai tué Schéhérazade, avec les mains de chaque écrivain à qui un censeur externe ou interne a interdit d'écrire ce qu'il/elle voulait, et avait le droit d'écrire.

J'ai tué Schéhérazade, avec les mains de ma mère, qui n'a pas voulu que je mène sa vie, l'a signifié clairement, et rendu possible, dès le début.

J'ai tué Schéhérazade, avec les mains de mon père qui, après avoir eu peur pour moi, est devenu fier de moi, au bout d'un chemin pourtant long et difficile.

J'ai tué Schéhérazade, avec les mains des divers représentants ou guides religieux, qui m'ont fait prendre conscience de l'abîme séparant l'authenticité et l'adhésion aveugle et sans réserve.

J'ai tué Schéhérazade, avec les mains des nombreux conservateurs rigides que j'ai rencontrés ; et qui m'ont fait découvrir la différence entre l'éternelle éthique humaine et des valeurs futiles.

J'ai tué Schéhérazade, avec les mains des mannequins de Calvin Klein, des *James Bond girls* et de toutes les femmes traitées comme un savoureux morceau de viande dans les magazines, les films, sur les écrans de télé et dans la vie.

J'ai tué Schéhérazade, avec les mains de chaque adolescente qui se laisse mourir de faim parce qu'on l'a persuadée abusivement que les hommes la préféreront comme ça.

J'ai tué Schéhérazade, avec les mains de chaque homme s'étant attiré les rires de ses amis néanderthaliens machos parce qu'il traite les femmes avec respect.

J'ai tué Schéhérazade, avec les mains du médecin qui m'a giflée quand je suis sortie du ventre de ma mère, et de tous ceux qui m'ont giflée, ou ont essayé de le faire, par la suite.

J'ai tué Schéhérazade, avec les mains de mon professeur de maths en neuvième, qui voulait me persuader que les garçons sont doués pour les chiffres et les filles pour la cuisine.

J'ai tué Schéhérazade, avec les mains des poupées Barbie qui polluent l'esprit de toutes les fillettes dans toutes les villes du monde.

J'ai tué Schéhérazade, avec les mains de tous les cris que je n'ai pas osé pousser, de tous les NON que je n'ai pas osé (encore) lancer.

J'ai tué Schéhérazade, avec les mains de chaque ami qui m'a trahie, de chaque ami que j'ai trahi.

J'ai tué Schéhérazade, avec les mains de chaque victoire dont j'ai été témoin, de chaque défaite dont je suis sortie vivante.

J'ai tué Schéhérazade, avec les mains de chaque personne que j'ai été, que je suis à présent, et que je serai.

Enfin, et surtout, j'ai tué Schéhérazade, avec les mains de Lilith : ma semence, mes racines, ma terre et ma vérité.

Oui, j'ai tué Schéhérazade. Je l'ai tuée en moi. Et je suis fermement résolue à continuer de tuer tout ce qui montrerait la moindre ressemblance avec elle, en apparence ou en actes, dans mon inconscient, mon imagination et mon esprit. Ses sœurs, ses filles, ses petites-filles et toute sa descendance feraient bien de fermer leur boutique de concessions, ou de rester loin, très loin de moi.

Car une femme arabe en colère rôde. Elle a ses propres récits, classés “fermés-à-la-négociation”, sa propre liberté et sa propre vie, classées “non-accordées-par-quiconque”, *et* elle a l'arme du crime idéale.

Rien ne l'arrêtera.

LE CHAPITRE DU POÈTE

Essai d'autobiographie

GÉOLOGIE DU MOI

Un poème est une personne nue.

BOB DYLAN

Je suis le sixième jour de décembre de l'an 1970 ;
je suis l'heure juste après midi.
Je suis les cris de ma mère me mettant au monde,
ses cris lui donnant vie.
Son ventre me libérant, m'arrachant à moi-même,
sa sueur consacrant mon éventualité.
Je suis la gifle du médecin qui me ranima.
(Chaque gifle ensuite tentant de me ranimer me détruisit.)
Je suis les yeux de la famille posés sur moi,
regard du père, du grand-père et des tantes.
Je suis tous les scénarios possibles ;
les rideaux tirés, d'autres rideaux derrière les rideaux et
les murs encore derrière,
et je suis celle qui n'a ni nom ni main pour ce qui vient derrière.
Je suis ce qu'on attend de moi, les rêves avortés,

les vides suspendus comme des amulettes autour de mon cou.
Je suis le manteau rouge étroit qui me faisait pleurer,
et toutes les contraintes qui continuent de me faire pleurer.
Je suis la poupée châtain aux yeux de plastique ;
la poupée rejetée que je refusai de bercer,
mise de côté, le sang suintant toujours de la base du crâne
(deux gouttes les jours ordinaires, trois les jours chômés et de congé).
Je suis le trou misérable aux chaussettes de mon enseignante.
Il continue de me fixer, reproche d'Abel dans mon âme,
me disant sa pauvreté et mon impuissance,
l'épuisement de ma patience et la terreur de son désespoir.
Je suis les tables de multiplication, toujours pas maîtrisées ;
je suis les deux qui font un, toujours un.
Je suis la théorie des lignes courbes, ne se joignant jamais,
et leurs applications.
Je suis ma haine de l'histoire, de l'algèbre et de la physique.
Je suis ma foi, enfant, que la terre tourne autour de mon cœur
et mon cœur autour de la lune.
Je suis le mensonge du père Noël,
auquel je continue de croire.
Je suis l'astronaute que je rêvais de devenir
et les rides de ma grand-mère qui s'est suicidée ;
mon front reposant sur ses genoux absents.
Je suis le garçon (s'appelait-il Jacques ?) qui me tira les cheveux et s'enfuit.

Je suis celui qui me fit pleurer, et l'aimer encore plus.
Je
suis mon petit chaton ;
le vélo du fils du voisin, qui le renversa sans que je proteste.
(J'ai vendu les âmes de mon chat pour un seul regard de ce beau garçon.)
Je suis le chantage, mon vice inaugural.
Je suis la guerre,
le cadavre de l'homme que les combattants traînaient sous mes yeux,
sa jambe arrachée essayant de le rattraper.
Je
suis les livres lus enfant, qui ne convenaient pas à mon âge
(que j'écris à présent, et qui ne conviennent toujours pas).
Je suis l'adolescence de mon sein droit,
et la sagesse du gauche.
Le pouvoir des deux sous une chemise collante
et ma conscience de leur pouvoir : le début de la descente.
Je suis ma promptitude à l'ennui, ma première cigarette, mon obstination tardive,
et les saisons passées.
Je suis la petite-fille de l'enfant que j'ai été ;
son manque de ma colère,
mes déceptions et mes triomphes,
mes labyrinthes et mes désirs,
mes mensonges et mes guerres,
mes cicatrices et mes erreurs.
Je suis la tendresse que je porte malgré moi ;
je suis mon Dieu et mon avidité ;

mes absences emplies de mes morts ;
et je suis mes morts qui jamais ne reposent,
mes assassinés qui jamais ne dorment ;
je suis leurs derniers soupirs sur mon oreiller à chaque aube.
Et je
suis mon ressentiment, ma contagion,
mon danger,
ma fuite de la lâcheté, pour trouver pire.
Je suis mon attente sans savoir le temps
et ma non-compréhension de l'espace.
Je suis le silence que j'ai appris
et le silence non encore maîtrisé ;
la solitude qui écrase mon âme comme un insecte.
Je suis la petite-fille de l'enfant que j'ai été :
mon manque de son insouciance innée,
de sa perfection sans ego.
Je suis le désastre de l'amour
et j'adviens.
Je suis le loup de la poésie me courant dans les veines
et moi qui pieds nus cours avec lui.
Je suis celle en quête de son chasseur
ne trouvant pas son chasseur.
Je suis les eaux écumantes de mon désir appelant le désir ;
la succession de langues irriguant son écume,
et mon rouge à lèvres anticipant chaque soif.
Je suis mes ongles aussi : ce qu'ils écorchent, dans quoi ils plongent.
Je suis la mémoire de leurs blessures,
mémoire de leur colère,
mémoire de leur faiblesse,

mémoire de leur force, sans besoin de preuves,
et je suis les petits lambeaux de chair arrachés du dos des hommes en chaque instant extatique.
Je suis mes dents,
mes cuisses dévergondées
et mes désirs grivois.
Je suis mes péchés et combien je les aime ;
je suis mes péchés, et la façon dont ils me reflètent.
Je suis l'amie qui m'a trahie –
et de quoi je la remercie.
Je suis ma moelle épinière hurlant face aux traîtres.
Je suis mes yeux plongés dans une obscurité qui est mienne.
Je suis ma douleur,
oui, ma douleur.
Je suis mon cri en pleine nuit
(étouffé juste à temps).
Je suis ce qu'on me dit de ne pas dire
de ne pas rêver
de ne pas penser
de ne pas oser
de ne pas prendre.
Je suis ce qu'on me dit de ne pas être.
Je suis ce que je cache
sans le vouloir,
ce que je voudrais cacher
et que je ne cache point.
Je suis "Dis-moi combien tu m'aimes"
et "Je ne te crois pas !".
Je suis la tête rattachée au corps, détachée
du corps.

Je suis ma mort prématurée (je le dis sans pathos)
et quelque dévastation laissée derrière moi.
Je suis la folie et l'absence que j'ai sous les yeux
et l'infime, le détail, tous révélateurs :
les timbres, fragments de lettres,
notes visibles sous le verre protégeant la table, mon sourire sur d'anciennes photos.
Je suis le composé des hommes qui m'ont aimée sans que je les aime.
Je suis ceux que j'ai aimés sans qu'ils m'aiment,
que je n'ai pas aimés et ne m'ont pas aimée non plus,
et ceux qui ont cru que je les aimais
et qu'ils ne m'aimaient pas.
Je suis le composé de l'homme unique que j'aime.
Je suis la mariée dont l'image pleure sur la photo de
son premier mariage (l'image seule).
Je suis mes réfractions, mes défaites, mes vaines victoires.
Je suis ma survie miraculeuse à la noyade (si j'ai vraiment survécu).
Je suis le rassis de la miette de pain sur ma table ;
les sept jours et les siècles qu'il m'a fallu pour me créer.
Je suis les poissons, les oiseaux, les arbres
la fumée des usines,
l'asphalte sur la route et le sifflement des bombes,
le vent les araignées et la chair des fruits.
Je suis chaque volcan au sommet de chaque montagne dans chaque pays sur chaque continent sur chaque planète.
Je suis chaque trou creusé dans chaque terre dans chaque pays sur chaque continent sur chaque planète.

Je suis la seconde qu'il m'a fallu pour me détruire.
Je suis mes corps,
les rues humides de ma ville.
Je suis qui j'ai été et qui j'aurais pu être.

Je suis la robe bleue que ma mère a refusé de s'acheter
pour payer mes frais d'école,
la bibliothèque de mon père, ses yeux et son cœur pétulant.
Je suis les regards que je ne me suis pas permis, les mots
que je n'ai pas dits et les lèvres que je n'ai pas embrassées
et je suis les traces que je n'ai pas laissées :
toutes les choses stupides que je n'ai pas faites,
toutes les grandes choses que je n'ai pas faites encore,
tous les départs d'où je ne suis jamais revenue.
Je
suis ma fille qui n'est pas née
qui viendra peut-être
et
la femme que je serai.
Je suis presque cette femme
et presque l'homme
que je ne suis pas complètement devenue
que je ne veux pas devenir
et qui me sauve de moi-même chaque jour.
Je suis la femme que je ne suis pas à l'instant,
toutes les choses et les gens que j'étais hier,
que je serai demain,
et qui font
défont
refont qui je suis.

REMERCIEMENTS

Je voudrais tout d'abord remercier tous les amis formidables qui ont pris le temps de lire mon modeste texte et m'ont adressé de fines remarques et d'utiles commentaires pour l'améliorer. Il s'agit de *(par ordre alphabétique)* : Etel Adnan, Akl Awit, Luca Bonaccorsi, Peter Carlsson, Oriana Capezio, Hala Habib, Marilyn Hacker, Renée Hayek, Schona Jolly, Stephen McCormick, et Jan Henrik Swahn.

Je tiens aussi à remercier toutes les grandes femmes (*et* les grands hommes) de ma culture, ainsi que les grandes sources d'inspiration, femmes *et* hommes, du monde entier. Ceux que j'ai cités, et ceux, non cités, dont les mots, si présents, m'ont motivée à chaque étape ; ceux qui, venus, s'en sont allés, ceux qui demeurent, et ceux qui viendront. A tous, je dois d'être qui je suis, et surtout ce que j'ai encore à devenir.

Enfin, par-dessus tout, je remercie mes parents, pour leurs qualités et leurs défauts, leurs moments de doute et de foi en moi, leurs accomplissements et leurs erreurs, les mots heureux ou malheureux qu'ils ont prononcés, ce qu'ils ont pris et donné, pour m'avoir troublée et aidée, souvent tout à la fois. Et je remercie mes deux fils, Mounir et Ounsi, pour m'apprendre chaque jour à mieux les mériter, en tant que mère, femme, et être humain.

J. H.

TABLE

Ouvrage réalisé par l'atelier graphique Actes Sud et achevé d'imprimer en décembre 2010 par l'Imprimerie Floch à Mayenne pour le compte des éditions Actes Sud, Le Méjan, place Nina-Berberova, 13200 Arles.
Dépôt légal 1re édition : septembre 2010
N° impr. : 78544
(Imprimé en France)